JN065433

子どもが
びっくりするほど
成長！

子どもの発達障害を家庭で改善した12家族の感動物語

家庭教育の専門家と世界的な脳神経外科医が証言
「どんな子も発達・改善します！」

医学博士・脳神経外科医
篠浦伸禎［監修］

エジソン・アインシュタインスクール協会代表
子どもの未来支援機構理事長
鈴木昭平［著］

コスモ21

カバーデザイン◆中村　聡
本文イラスト◆宮下やすこ
奥田志津男

はじめに

私はこれまで、発達障害のあるお子さんをもつ６５００以上のご家族に改善指導を行なってきました。

「この子、このままで大丈夫かな？」

「なかなか言葉が出てこない、ちゃんと話せるようになるのかな？」

「この子、集団の中にうまく入っていけるのかな？」

「突然パニックになったり奇声を上げたりする」

「親と視線を合わせない」

「じっと話を聞くことができず、すぐ動き回る」

……

このような不安を抱えてご相談に来られる親御さんに、私がお伝えしてきたいちばんのメッセージは「発達障害は家庭で改善できる」ということです。

それまでなんか変だなと漠然と感じていたことが、幼稚園や保育園に通うようになると、ほかの子どもたちと違うことが見えてきたり、園の先生から発達が遅いと指摘されたりして、このままにしていても大丈夫なのかと心配になってきます。

専門家に相談すると、「発達が遅れているようですが、もう少し様子を見ましょう」と言われるだけで、不安な毎日はそのままです。

そして、就学時が近づき、面談の場で突然、「小学校は普通級より支援級か支援学校をおすすめします」と宣告され、「この子の将来はどうなってしまうのだろう」と不安が現実になります。

私はそんな親御さんに出会ったとき、「発達障害は改善します」「発達障害といわれている子どもは、本当は限りない可能性を秘めた未来の天才児です」とお話しします。お子さんのことが心配でたまらない親御さんはびっくりされます。続けて、

「発達障害は、気づいたらその瞬間から取り組まれることをおすすめします。脳が急速に成長する子どもの時期に、少しでも早く取り組んだほうが改善結果を期待できるからです」

とお話ししています。

これまで、たくさんのご家族がお子さんの発達障害と向き合い、改善に向けて取り

組んでこられています。目の前で子どもに起こることに、やはり無理なのかもしれないと希望を失いそうになりながらも、わが子の成長を信じきり、笑顔で子育てに取り組む。そんななかで家族が歩んだ道のりは感動物語そのものです。

本書は、そんななかから12家族に登場してもらいました。発達障害と言われたわが子の可能性を信じて、常に前に向かって前進する家族の姿に触れると、心の底から感動と希望がわき上がってきます。

同時に、どんな取り組みをしたのかが再現されていますので、今、お子さんの成長に不安を抱かれているご家族にもたくさんのヒントがあるだろうと思います。

では、いっしょに子どもたちの明るい未来に向かって扉を開けましょう。

子どもの発達障害を家庭で改善した12家族の感動物語……もくじ

Part I

発達障害の子には限りない可能性が開かれている

Part Ⅱ

親の本気が子どもに変化をもたらす
――発達障害を改善した12家族の感動物語

Part I

発達障害の子には
限りない可能性が開かれている

●脳の仕組みに着目し特別な教育法を編み出した

お子さんが「もしかして発達が遅い……?」という疑問を持ったとき、あるいは検査などで発達障害が判明したとき、ほとんどの親御さんは大きなショックを受けます。それはもう、人生において最大級の重荷を背負ったかのような衝撃だと思います。

「そんなはずはない」

「信じられない」

「いずれ普通の子どもに追いつくだろう」

いろんな思いが交錯することと思います。

お子さんの現状を認めたくないと思うかたわら、最悪のことも頭をよぎります。

「この子の将来はどうなるのか」

「ちゃんと自立して仕事に就けるのか」

「将来、結婚はできるのか」

「私たちがこの世を去ったら、この子はどうなるのか……」

そこまで考えると、たまらない気持ちになると思います。

行政・医療機関の対応がそれに追い討ちをかけます。

「発達障害は一生治らないと思ってください」

「しかし、お子さんには療育や支援学級、支援学校があります」

「中等部、高等部にあたる機関もあります」

こういう対応が普通になされます。そこに希望や将来の展望を見出すことは難しいでしょう。結局、発達障害という事実を抱えたまま、人目を気にして生きていくことになるのです。しかし、それはとんでもないことです。

発達障害といわれている子どもは、本当は限りない可能性を秘めた未来の天才児だからです。日本の、いや世界の未来を背負って立つ財産なのです。

かのエジソンも、アインシュタインも子どものころは発達障害児だったといわれます。後で述べますが、発達障害は脳の仕組みが他と少し異っているために、社会に適応しづらいだけなのです。逆にその仕組みを生かして特性を伸ばせば、その子の才能は大きく花開きます。社会生活に適応することだって十分可能となります。

私は発達障害の脳の仕組みに着目して、特別な教育法を編み出しました。それこそがエジソン・アインシュタイン子育て法（ＥＥメソッド）なのです。

本書ではこのメソッドについてごく簡単に説明しています。もっと詳しくお知りになりたい方は『子どもの脳にいいこと』『発達障害は家庭で改善できる』『発達障害を改善するメカニズムがわかった！』（コスモ21刊）等をお読みください。

●発達障害の脳の仕組み

私は発達障害を「脳のトラブル」ととらえています。私たち人間の脳は「左脳」と「右脳」に分かれています。一般的に左脳は言語、概念、論理的思考をつかさどり、右脳はイメージ、絵画、図形、空間パターン（形態）、認識力、音楽、直感などをつかさどります。右脳は見たまま、感じたままを潜在意識に記憶させます。それに対して左脳はじっくり考え、記憶したり、計算したりする働きをします。学校の勉強の多くはこの左脳を使うものです。

現代人は左脳が優位になりがちといわれていますが、本来は左脳と右脳の両方がバランスよく働くことが理想です。ところが発達障害のある子どもの場合は、右脳がかなり優位になっていて、左脳の発達が遅れていることが多いのです。ですから言葉の発達が遅れたり、理性のコントロールが利かないので我慢ができなかったり、奇声を上げたり、頭を壁に打ちつけたり、パニックを起こしたりといった症状が出てしまうわけです。

また、目が合わないことが多いのも特徴です。一瞬合うこともあるけれど、じっと相手の顔を見ることがありません。これも右脳が過剰に発達しているゆえのことです。ほかにも音に異様に反応する、自分が嫌いなものを見るとパニックを起こすといったことも見られます。

右脳が過剰に発達しているとお話ししましたが、これは右脳が「高機能すぎる」ともいえるわけです。右脳が優れているために、普通の子どもが反応しないようなわずかなことにもストレスを感じて反応してしまうのです。周りの刺激に敏感すぎるため、相手とじっくり目を合わせるよりも、ほかに関心が向いてしまうのです。

私はこれまで６５００家族以上の改善指導を行ない、発達障害のある子どもたちと向き合ってきましたが、右脳の反応速度は普通児のレベルよりはるかに速いのです。だとしたら、その特性を活かした育て方をすれば、子どもの成長を促すことができますし、エジソンやアインシュタインのような天才性を発揮することも可能です。これまで取り組んできたご家族がそのことを証明しています。

私は、発達障害のある子どもたちは「天才」になる可能性を大いに秘めていると確信しています。右脳の過剰反応は「優秀性」の現われでもあるからです。

ところが、今の学校教育ではそのことがまったく理解されていません。普通級や普通学校では難しいと判断して、支援級、支援学校に押し込んでしまいます。それは、とんでもないことです。そのことを知らずに「うちの子は発達障害だから困った」と悩んでいる方たちも多いのです。

もし、わが子が発達障害であったとしたら、将来、日本、いや世界を背負って立つ天才性を秘めていると思ってください。落ち込むことなど一切ありません。

●脳科学からのアプローチ

私の理論は私が長年の経験から独自に導き出したものであり、現時点では学術的に検証されたものではありません。

「エビデンス（科学的根拠）がない」「医学的に認められたものではない」と非難されることもありますが、残念ながら私には研究を行なっている時間はありません。そんな時間があったら、一人でも多くの発達障害を改善させる時間に充てます。

私も学者の端くれとして、「エビデンス」が必要だという考え方は理解しています。実際に、それがないと不安で一歩を踏み出すことができないという人もいるでしょう。しかし、そもそも発達障害を改善する方法は今の医学にはないのです。

私は脳科学の立場から子どもの成長や発達障害についてアプローチしてきました。本書の監修者である篠浦伸禎先生は脳神経外科という医学の最先端で活躍されています。脳が覚醒した状態で脳の手術をする「覚醒下手術」の分野では世界的な実績も上げておられます。

篠浦先生によれば、覚醒状態で脳の手術をすると、患者自身は意識があるので、直接反応を本人に確かめながら手術を進めることができるそうです。そうした手術を重ねるなかで、人によって脳の使い方には一定のパターンがあることがわかってきたというのです。

とくに子どもの脳の発達については、それを阻害する一因が脳へのストレスにあるといいます。とくに9歳ころまでにストレスを受け続けると、脳全体が通常に発育できず発達上に障害が起こると指摘しておられます。

このことについて、さらに次のように説明しておられます。

脳には「戦闘時」に刺激を受ける部位と、「平和時」に刺激を受ける部位があります。「戦闘時」とは、虐待などのストレスを受けたときのことをいいます。大雑把にいいますと、この「戦闘時」にストレスを受けやすい部位が海馬を含めた大脳辺縁系、下垂体、扁桃体で、「平和時」に刺激を受ける部位が大脳新皮質、帯状回、小脳です。

子どもの脳がストレスを受けると、「戦闘時」に働く大脳辺縁系の、とくに扁桃体が異常に活性化し、「平和時」に働く脳の発育が遅れることによって、脳全体の通常の発育が難しくなると推測できるというのです。

また、脳の使い方を大きく分類すると、左脳の機能が優位になっているタイプと、右脳の機能が優位になっているタイプに分かれるということです。

このような脳科学から見た脳の理解を通して、発達障害の場合の脳の発達状態や、右脳の反応速度が普通児のレベルよりはるかに速いことが脳の仕組みとどう関連しているかが見えてきます。さらに、子どもの右脳への働きかけによるアプローチによって

脳の部位と役割

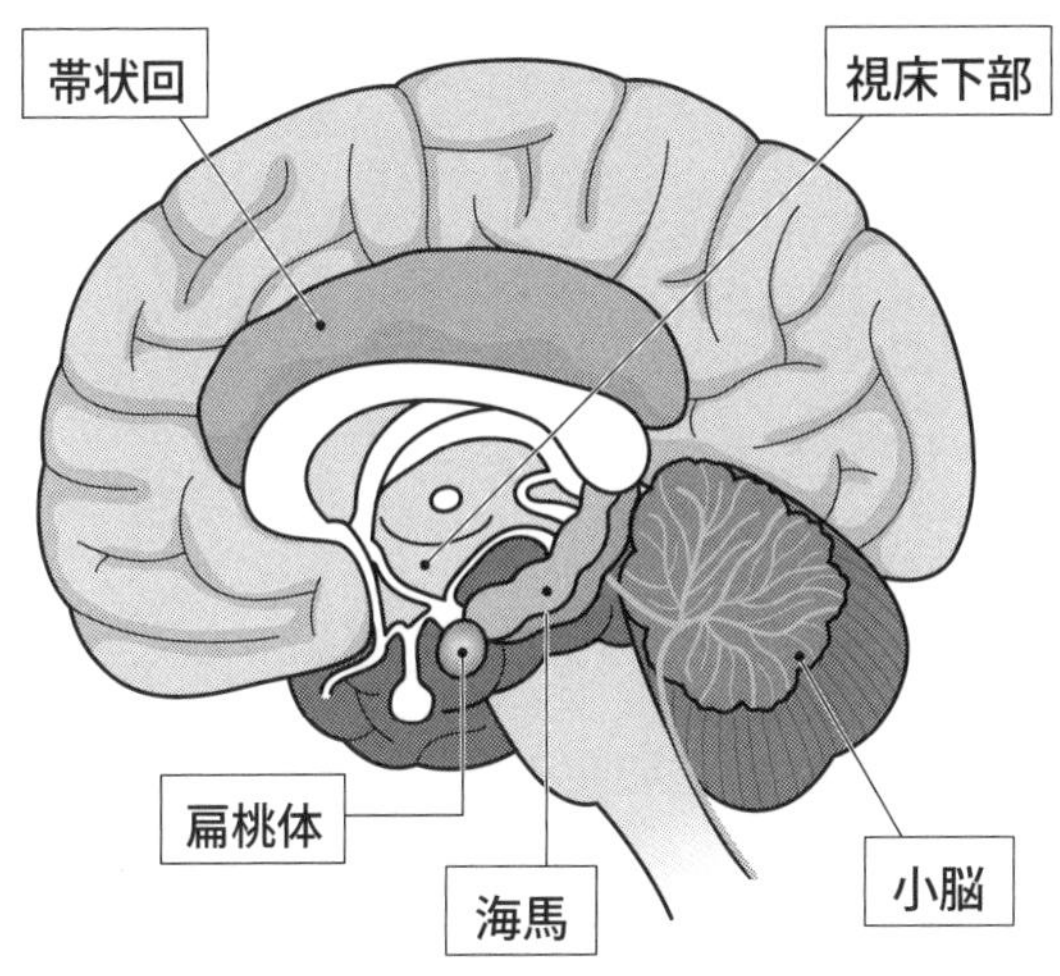

視床下部：自律神経の調節を行なう。体温、血圧などを調節するとともに、食欲、性欲、睡眠などの本能行動及び怒りや不安といった情動行動を調節する。

扁 桃 体：情動の処理に深く関わる。快不快、好き嫌いといった感情を海馬に伝える。また、人の顔を区別する、表情を読み取るといった社会性にも大きく関わる。

帯 状 回：脳全体の司令塔。自我と強く関係する。集中力や気づき、洞察力も帯状回の働きによるもの。呼吸器の調整や情動、認知、空間認知、記憶などにも関わる。

小　　脳：知覚と運動機能の統合。運動が円滑に行なわれるように制御する。「体で覚える」というのは小脳の記憶。

海　　馬：記憶の中枢。五感で感じた刺激はすべて海馬に届けられ保存される。海馬を活性化させることで学習能力アップにつながる。

左脳の発達も促し、右脳と左脳がバランスよく育ち、発達障害の改善につながるという私の教育メソッドの裏付けもしてくれます。

●最高の専門家、教師は親御さん

発達障害は、気づいたらその瞬間から取り組んだほうが改善結果を期待できます。脳が急速に成長する子どもの時期に、少しでも早く取り組んだほうが改善結果が出るからです。もちろん大人になってからはじめても効果はありますが、やはり小さいうちにはじめるに越したことはありません。やれば必ず子どもの成長を期待できるのです。もし今、お子さんが落ち着きがない、奇声を上げる、パニックを起こす、言葉が出ない、目を見ないと心配されているならば、できないことにとらわれず、どんな小さなことでもできることに目を向けてください。そこから、必ず改善と成長への道が開けていきます。

親御さんとしては、「せめて普通学級に入れたい」「せめて人並みに、普通に」と希望されますが、普通レベルどころではなく、もっともっと可能性を秘めていることを知ってほしいのです。私は面談では、「天才」を目指してほしいとお伝えしています。もちろん、「発達障害があると思っていたわが子が天才だなんて、急にはイメージが湧かない」という方も多いのですが、それくらい子どもの可能性を信じてほしいのです。

ただし一つだけお願いがあります。私がおすすめしているメソッドは「親」が行なうメソッドです。多くの場合はお母さんであることが多いのですが、とにかく親御さんが「わが子を改善させるのだ！」という強い覚悟を持って行なうこと、それがいちばん大事なことです。主体はあくまでも親御さんなのです。

面談でこのようにお話をしますと、「自分に教育などできるわけがない」「私自身も勉強ができなかったのだから子どもに教えるなんて無理」などとしり込みされる方がいます。しかし、特別な知識や専門性などはまったく必要ありません。子どもをしっかり観察し、日々の変化を見逃さないで働きかけるだけでいいのです。

専門家はわずかな時間、お子さんと向き合うだけです。しかし、それでは毎日の子どもの変化をとらえることはできません。その意味では、親御さんこそ、その子にとって最高の専門家なのです。

先ほど、脳科学から脳の成長をとらえるというお話をしましたが、教育とはまさしく大脳の神経回路を増やしていくプロセスなのです。それは家庭の中、日常生活の中で行なってこそ、うまくいくのです。もちろん、きちんとした食生活や十分な睡眠、安定した親子関係、安心できる家庭環境も大事です。

もう一度、お伝えします。お子さんにとって、最良・最高の専門家、教師、それは親御さんなのです。

●親の意識を変える

これから、私が親御さんにやっていただいていることを具体的に説明していきますが、まず親御さんの意識を変えることが大事です。

お子さんの発達段階に合わせて、適切な指導ができるのはわが子のことを熟知している親しかいないからです。

まずは親が自分自身を肯定することです。発達障害のあるお子さんを持つ親は心理的にとても不安定でネガティブになっています。とくにお母さんは「私のせいでこの子はこうなったのだ」と自分を責めていることが多いのです。

もう自分を責めるのをやめましょう。自分を責めても、そこからは何も生まれません。私は笑顔になってくださいとお話しします。どんなに素晴らしい実践方法があったとしても、親が笑顔で行なうことが絶対条件です。そもそも、笑顔が作れなければ、いくらやっても子どもの改善や成長は期待できません。

もちろん人間ですから、どうしても笑えないというときもあるでしょうが、そんなときは鏡を見て口角をちょっと上げてみてください。副交感神経が働き、リラックスします。それで十分です。

そして、夫婦でほめ合うことも大事です。父親に問題の責任がある、母親に問題の責任があると互いを批判していても、子どもの状態は難しくなるだけです。

「今さら夫婦でそんなこと……」と思われるでしょうが、最初は無理にでもやってください。ほめ合っていれば、いつしかそれが当たり前になってきます。

その際、相手の長所やしてもらってうれしかったことをほめるのはもちろんですが、「相手にこうしてもらいたい」と思っていることをほめるといいのです。たとえば、相手の優しさが足りないと思ったら、「前より優しくなってきたね」と言ってみてください。料理が苦手なお母さんには「前より料理が上手になったね」、家事にあまり協力してくれないお父さんには「前より家事をやってくれるようになったね」と言ってみてください。

これまでは、これしかやってくれない、こんなこともやってくれないと不満だったかもしれませんが、ほんの少しでもほめられることがあったら、思いっきりほめてみてください。

お子さんのことも同じです。これしかできない、これもできないと思っていたことが、小さなことでも、これもできている、あれもできていると見方が変わってきますよ。

そのことをもっと明確に確認でき、そのときどき何に取り組めばいいのか示してくれるのが「ＥＥＳＡ発達検査表」（エジソン・アインシュタインスクール協会オリジナル）です。

●EESA発達検査表を活用する

まず、親御さんが子どもの変化を理解すること、子どものどんなところを伸ばしていけばいいのかをはっきりとわかっておくことが必要です。

そのために有効なのが、お子さんの発達の度合いをＥＥＳＡ発達検査表でチェックすることです。これは、「社会面」「言語面」「知覚面」「身体面」の４分野に分かれています。それぞれ１４４の項目があり、誰でも理解できるように日常の用語で表示されています。

お子さんの月齢に応じて、できるものには○、もう少しでできそうなものに△をつけます。できないものは×ではなく空欄です。

この△印を意識してお子さんに働きかけることがポイントです。すると、比較的早い時期に△は○になります。その分、お子さんの大脳の神経回路が増えていきます。

この検査表を付けていると、とくに空欄の項目に変化が現われてきます。今までは、あれもできない、これもできないと頭の中で×をつけていたのが、「少しでもできそうなら△をつけていいんだ」と思えるようになってきます。

じつは、よくお子さんを観察すると、できそうなことがたくさんあることに気づき、それが励みになるのです。

次ページ以下にＥＥＳＡ発達検査表の一部として簡易版（４分野が各72項目）の「言語面」を掲載しています。４分野全体は拙著『発達障害を改善するメカニズムがわか

お子様氏名			
生年月日	年	月	日
記入者			
記入日	年	月	日

△印	○印	言語面の検査項目１
		大きな声で元気に泣く
		状況によっていろいろな泣き方をする（空腹時など）
		母親の声を聞き分ける
		かん高い声を出すことがある
		親しい人の声を聞き分けられる
		「いないいないばぁ」に反応して喜ぶ
		音楽を聴かせると喜ぶ
		人の言葉を真似しようとする
		怒る、楽しいなどの感情を声で表現する
		「こっちに来て」と話しかけると反応する
		「～はどこ？」と聞くと、物がある方を見る
		「パパ」や「ママ」など意味のある言葉をひとつ言う
		興味があると「アー」と言って意思表示する
		「パパ」「ママ」以外に意味のある言葉を３語くらい発する
		「ちょうだい」と話しかけると渡してくれる
		本を読んでもらいたがる
		「一つ」や「たくさん」などの量の区別ができる
		耳・目・口の区別ができる
		自分の名前を呼ばれると「ハイ」と言う
		「りんご」「キリン」など親の言葉を真似ることがある
		身体の部位名を５つ以上言える（目、手、足など）
		２語文を話せる（「ワンワン、行った」など）
		「もう一つ」の意味がわかる
		したくないことは「イヤ」と言える

△印	○印	言語面の検査項目２
		一人でも絵本を楽しんで見ている
		絵本に出てくるものの名前を指さして言う
		動作を表わす言葉が理解できる（歩く、振る、持つなど）
		鼻、髪、歯、舌、へそなどの区別ができる（３つ以上）
		頼まれたことを理解して行なえる（机の上の本を持って来てなど）
		「きれいね」「美味しいね」などと感情表現ができる
		大人との会話ができる
		食前・食後の挨拶ができる
		親切にしてもらうと「ありがとう」と言える
		「～だから」と因果関係を使って話ができる
		友達の名前を１人～２人言える
		親しい人と電話で話すことができる
		「昨日」「明日」の意味が理解できている
		何に使うものか？　品物の用途を３つ以上言える
		１～50までの数唱ができる
		指示されたことを3つ以上実行できる（「戸を開けて、皿を出して…」など）
		見たことを順序よく話せる（家から花屋さんを通ってスーパーへ行った、など）
		簡単な問いに正しく答えられる（「お父さんの車の色は？」など）
		１～20の数字が読める
		反対語が５つ以上理解できる
		20までの数字で、一つ前の数字が言える
		生活体験を話せる（「動物園で象を見た」など）
		間違った文の誤りがわかる（「チューリップは食べ物です」）
		しりとり遊びができる（２人で５つ以上）

△印	○印	言語面の検査項目３
		幼稚園や保育所の先生の名前が一人以上言える
		「ピョンピョン」「てくてく」といった擬態語を正しく使える
		品物の名と用途を10個以上言える（掃除機、時計、茶碗など）
		家族全員の名前を言える
		やさしいなぞなぞ遊びができる（冷たくて白いものなあに？）
		童謡を３曲以上きちんと歌える
		反対語が10以上わかる
		自分の家の住所をきちんと言える
		複数の助数詞を使い分けられる（○個、○枚、○匹など）
		身体の細かい部位まで10個以上言える（睫毛、まぶたなど）
		幼児語をほとんど使わずに話せる
		０から５まで数字と物の数の対応を理解できる
		ひらがながほぼ読める
		「～するもの教えて」と聞くと、3つ以上答えられる（書くもの、着るものなど）
		文の復唱が正しくできる（僕の顔には目が二つ、鼻が一つなど）
		カルタ取りができる（できれば読み手も）
		1～100までの数唱ができる
		自分の誕生日（生年月日）・年齢を言える
		鳥、果物の名前を５種類以上言える
		20→１までの数唱（逆唱）ができる
		今日は何年・何月・何日・何曜日が言える
		物語本のストーリーが理解できる（昔話、童話など）
		１分間に言葉（単語）を20以上言える
		わからないことがあると辞書や図鑑で調べられる

った！』『子どものことばが遅い 出ない 消えた「なんで？」』（ともにコスモ21刊）等に掲載していますが、ポイントは子どもの月齢に応じて発達内容が示されていることです。これを使うと、子どもの小さな変化にも気づくことができます。

●気絶するほど子どもをほめる！

発達検査表を使いながら、子どもの成長を促していくとき、ぜひやってほしいことがあります。それは、どんな小さなことでも、できたときは大いにほめることです。それもちょっとやそっとのほめ方ではダメです。「気絶するほどほめる」のです。ほめることで子どもは別人のようにやる気を出し、伸びます。

どんな小さな変化でもいいので、気づいたら、すかさず気絶するほどほめます。ほめ言葉が底をついたり、単調になりがちなときは、あらかじめ用意しておくといいのです。場合によっては書き出しておくといいでしょう。

言葉だけでなく、抱きしめるなどのスキンシップももちろん大いに活用してみてください。

●血液・血行の改善

私がおすすめしていることの一つに、食事の改善があります。

人間の脳は大量に酸素を必要とします。なんと、吸った酸素の3割を脳で消費するそうです。酸素は血液に乗って運ばれますが、血行が悪いと脳は酸素不足になり、十分に発達、機能できません。

栄養も同様です。脳に栄養が行き渡らなければ、働きが悪くなってしまいます。残念ながら発達障害のあるお子さんも血流・血行不良に陥っていることが多いのです。そのことは便秘のお子さんが多いことにも現われています。便秘は血液・血行が悪いことと関係しているからです。

血液、血行改善のために有効な方法として紹介しているのが「パワーアップ体操」です。いつ行なってもいいのですが、お子さんに働きかけをする前に行なうと、血液・血行がよくなって、効果が倍増します。

パワーアップ体操を行なうときは、子どもにだけやらせようとしてもうまくいきま

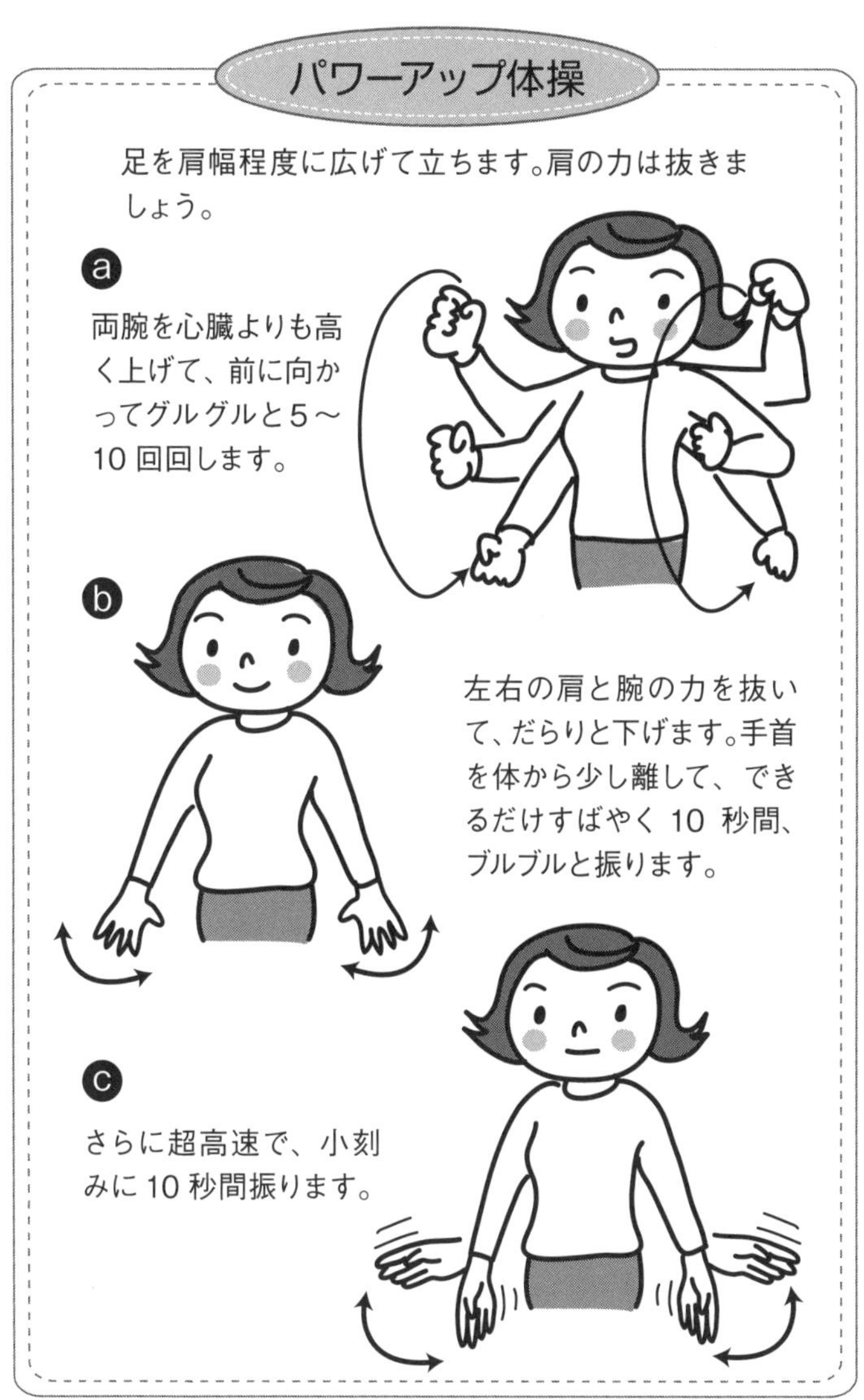
パワーアップ体操
足を肩幅程度に広げて立ちます。肩の力は抜きましょう。
a
両腕を心臓よりも高く上げて、前に向かってグルグルと5～10回回します。
b
左右の肩と腕の力を抜いて、だらりと下げます。手首を体から少し離して、できるだけすばやく10秒間、ブルブルと振ります。
c
さらに超高速で、小刻みに10秒間振ります。

せん。親御さんがまずやります。それをまねしてお子さんは自然にやるようになります。

気づいたときに何度でもやってみてください。

●脳に必要な栄養素を補給する日本の伝統食

最近、日本の伝統食があらためて注目されていますが、じつは、脳とつながりが深い腸のためにも適しています。ご飯、味噌汁、漬け物、魚料理、納豆、煮物などがメインの日本の伝統食は子どもの腸の改善に適していますし、脳にもいい作用を及ぼしてくれると思われます。

とくに魚については、アジやいわしなど背の青い魚などに多く含まれている油成分のＥＰＡが血液をサラサラにしてくれます。ＥＰＡに関する実験では、脳の炎症を抑える、脳内に蓄積された重金属を排出する力があるという報告もあります。

ＥＰＡだけでなく、脳にいい栄養素としてＤＨＡやレシチン、糖鎖、食物繊維なども含まれています。

一方、パンや乳製品、動物性脂肪分の多い欧米風の食事はおすすめできません。絶対食べてはいけないというわけではありませんが、基本的な食事は日本の伝統食である和食にしていただくようすすめています。

また、牛乳・小麦についてはなるべく控えていただくようお願いしています。実際に牛乳をやめたことで問題行動が減ったという事例は多くあります。

●右脳を刺激する「超高速楽習（がくしゅう）」

発達障害のある子は優秀な右脳に働きかけたほうが脳の成長を促すことができるとお話ししましたが、そのために有効なのが「超高速楽習」です。「超高速」であることが最大のポイントです。

右脳の反応が敏感な子どもほど、ゆっくり情報をインプットしていると、すぐに飽きてしまい、それでもじっと聞いていることを求められるとストレスになります。

具体的にはオリジナルの「超高速楽習カード」を使って、動物や果物などの名前を次々とめくりながら読み上げていきます。詳しくは、エジソン・アインシュタインス

クール協会（ＥＥＳＡ）のサイト（https://gado.or.jp）で紹介していますので参考にしてください。

この学習を行なうことで、どんどん言葉を覚えていきますし、やがて左脳も刺激されて育っていきます。

「超高速」とあるように、かなりのスピードでカードをめくっていきます。私が親子面談のときに、実際にお子さんの目の前で行なうと、あまりの速さに親御さんは驚かれますが、それまでじっとしていられなかったお子さんが一瞬でカードに集中します。しかも、その後、私がカードにあったものの名前を聞くと、ほぼ間違いなく答えます。

それまで家庭では、何かに集中したり、

じっと話を聞いていることなど想像できないほどだったわけですから、目の前のわが子の姿に驚いておられます。でも、子どもの脳で起こっていることを考えたら、ごく当たり前のことが起こっているのです。

たとえば、超高速楽習のカードはこのような感じです。

「うさぎ、くま、たぬき、ライオン」

「りんご、ぶどう、バナナ、みかん」

と早口で言いながらどんどんカードをめくります。ゆっくりやっては絶対にダメです。1枚に0・5秒もかけないぐらいの猛スピードでやります。

スピードが速ければ速いほど子どもは集中して見ます。もし子どもが集中しなければ、それはスピードが遅いのです。

このとき、もう一つ大事なことがあります。それは「笑顔」で行なうことです。

●言葉がけと「5つの魔法の言葉」

お母さんが日常で子どもにかける言葉、これもすべてお子さんの脳を育てることにつながっています。どんな言葉をかければいいですかと聞かれることがありますが、私は表にある「5つの魔法の言葉」と呼んでいるキーワードをおすすめしています。

5つの魔法の言葉

①あなたは、楽しく我慢ができます。
②あなたは、楽しく挨拶ができます。
③あなたは、楽しく思いやりができます。
④あなたは、楽しく学べます。
⑤あなたは、運がいい、ツイてます。

もちろん、ご自分でも、どんどん魔法の言葉を増やしてください。

じつは、この魔法の言葉には暗示効果もあります。たとえば、我慢ができない子でも「我慢強くなってきたね」「前より我慢できるようになったね」と魔法の言葉を言い続けていると、いつの間にか脳に定着して、我慢が身についてきます。

「言葉がどんどん出てきているね」

「どんどん覚えてきているね」

「お利口になっているね」

「前より落ち着いてきているね」

「かしこくなってきたね」

と、どんどんプラスの言葉を子どもの脳に定着させましょう。


オムツの取れない子には「ウンチはトイレで♪」と歌うといいですよ。お母さんが勝手に作ったメロディーで結構です。

お母さんが伸ばしたいと思うことがあったら、そのことを言葉にして語りかけましょう。そうやって意識の方向付けをするのです。


「前より絵が上手になったね」

「野菜が食べられるようになったね」

などと言い続けていると、本当にグングン伸びていきますよ。

●10分間バスタイム楽習法

お風呂の時間は、血行がよくなっていますから最大の学習チャンスです。

お風呂に入って1～2分すると血行が良くなります。そこで、子どもの左耳に学習させたい言葉を優しく囁きます。そのとき、大事なのが〝目が笑っている笑顔〟です。

「前より我慢ができるようになってきたね」

「どんどん言葉を覚えているね」

「だんだん集中できるようになったね」

「ものおぼえがよくなったね」

「挨拶が上手になってきたね」

「前より思いやりができるようになったね」

などなど、笑顔といっしょに囁いてあげてください。

また、ひらがなや数を教えてもいいし、色を教えたり、簡単な計算を教えたりもできます。お風呂用のひらがな、アルファベット、数字などの表がたくさん出ていますから活用しましょう。音楽CDを脱衣場から流すのもいいでしょう。

この楽習法の取り組み時間は10分ほどです。お子さんと親御さんがリラックスして行なうと効果的です。お子さんがのぼせたりしないように、お湯の温度をいつもより1度くらい下げて行なうようにしましょう。

ここまで私が取り組んでいる内容を駆け足で紹介してきましたが、次の章では、実際に取り組んでこられた親御さんが、ご自身の体験を語ってくれています。どの親御さんも、わが子が発達障害であるとわかった瞬間、不安の底に沈みそうになりながらも、わが子の未来に希望を見つけてチャレンジしてきています。親の意識が変わるところから、子どもの改善と成長がはじまることを教えてくれています。

登場してくださった12家族の皆様は、自らの体験が子育てに励む親御さんたちの応援になることを願い投稿してくださいました。心から感謝致します。なお、お名前は個人情報保護の観点からすべて仮名にさせていただきました。

Part Ⅱ

親の本気が子どもに変化をもたらす

——発達障害を改善した12家族の感動物語

☆最初の1週間で目つきが変わり3カ月で話すように

加藤京子

そろばんはクラスで1番、普通学校にも支障なく

娘が小学校に入学したころは、私にも不安がありました。勉強についていけるのかもそうですが、まずは学校に慣れることを一番に考えました。

いちばん苦労したのは、お友達の考えや気持ちがわからないところ。お友達を好き過ぎるあまり、しつこくし過ぎてしまったり、相手が「こうしてほしい」というのがわからなかったり。

でも今は、一人ひとりの性格がわかって、娘の性格もわかってもらえているので、楽しく学校に通っています。学校生活は何の支障もなく送れていると思います。

私は娘を私立の小学校に入学させました。私立を選んだ理由は少人数制だったことです。知識を暗記するのではなく、問題解決に向けて考える学習法が取り入れられていて、個性的で魅力ある授業がたくさんありました。なかでも、学校説明会でお話ししてくださった先生が、「公平な教育とは皆が同じ教育を受けることではなく、その子に合った教育を受けること」とおっしゃったことがいちばん心に残りました。

公立か私立かというよりも、娘にとって合っているかどうかで学校を決めたことは、良かったと思っています。

心配していた勉強面ですが、カリキュラムの中に「そろばん」がありました。そろばんは当初、ついていけなかったので、週に3回そろばん教室に通わせました。その結果、いつも100点を取れるようになり、今では「クラスで1番できる」と本人は言っています。自分で1番できるものがあると、自信がつくんですね。「そろばんは誰にも負けない」と頑張っています。

幼稚園中の窓を閉めて歩くなど異常なほど風を怖がる

生まれてからすぐの健診で、たとえば「生後半年までに首が座る」といった課題もギリギリのところでクリアしていました。でも「何かちょっとほかの子と違うな」と感じていて……。その一つが、幼稚園に入園したあと、異常なほど風を怖がったことです。

部屋に飾ってある絵やポスターが風で揺れると大泣きして、園中の窓を閉めて歩きます。「のぼり」を見れば泣いて、風が強い日にブランコが揺れていると「ブランコを片付けて！」と泣きながら訴えます。

さらにはなぜか、家にある車まで「片付けてくれ！」と言いはじめたときは、さすがに「病院に行かなくちゃ」と思ったんです。

病院での診断名は「自閉症」で、「知的な遅れがなければ普通級に通えるので、もし小学校入学くらいまでに遅れが目立つようになったら、また来てください」と言われました。

「うちの子はほかの子とは違う……」と思い、毎晩のように泣いた

入園して、「うちの子がほかの子と違う」と思ったのは、言葉が遅い、オウム返しが多い、自分の荷物を離すことに抵抗がある、みんなが整列しているとわざと歩いてし

まう、風や揺れているものを怖がる、友達に抱きつくということでした。

「娘はほかの子と違う」と思いはじめてから、卒園するまでは毎晩のように泣いていました。インターネットで検索していろいろな事例を読めば読むほど、うちの子と重なってきました。

でも、「何かできることがあるんじゃないか」と思って、インターネットを調べているうちに鈴木先生のことを知りました。私の場合は、「鈴木先生との出会いで、一つの階段を上がることができたのかな」と思います。

娘はいくら注意しても玄関で靴を揃えない、部屋の出入りでドアを閉めない、「こんな簡単なことが身につかず、どうしたらいいのか」と鈴木先生に相談したことがありました。そのとき鈴木先生は、こうおっしゃいました。

「お母さん、簡単ですよ、できるまで教えれば、できるようになります」

他の子は1回教えればできることを、うちの子は10回 教えないとできない……。でも、考え方を変えれば、10回教えればできるようになる。それなら「簡単なことだ」と気づかされました。そのことで、とても救われた気がしたんです。

そして、「泣いているのじゃなく、何かやらなきゃいけない」「この子を一人前にするのは自分だ」と決意できたんです。そのときから「子どもの前では決して泣かない」と誓って……。

私の姉からは「後悔しないために、やれることをやってみたら」「今、差し伸べてくれる手があるなら、それをつかんでみたら」と言われました。今でも、そのころのことを思い出すと涙が出てしまいます。

それまでは誰にも頼れなくて、幼稚園や病院の先生には「(障害)認定を受けたほうがいい」と言われていました。そのときの私に前を向かせてくれたのは、鈴木先生と姉の言葉でした。

1週間で子どもの目つきが変わり、3カ月で言葉がたくさん出た

私が決意して子どもと向き合いはじめると、1週間で姉から「あの子の目の位置が変わったよ」と言われました。3カ月後には、さらに変わりました。たとえば、言葉が遅く2語文だったのに、ずいぶんと話せるようになったのです。

それまでは、言葉は特別教えなくても自然に話せるようになるものだと思っていました。でも、うちの子を見ていて「一つひとつ教えないとダメな子もいるんだ」と気

づきました。

それからは意識して言葉をかけるようにしました。赤ちゃん言葉は話さず、大人の言葉を意識して話すように心がけました。超高速楽習法のカードとCDにも取り組みました。

うちの子は、ベランダを「タベンダ」と言ったり、チョコレートを「コチョレート」と言ったりと、何でもさかさまに言ってしまうクセがあるんです。そのことを鈴木先生に話すと、「そんなに直さなくていいですよ。ただ普段は、お母さんはずっと正しく『チョコレート』と言い続けてください。もし子どもが『コチョレート』と言っても『違うでしょ、チョコレートでしょ』と直さなくていいんです。そのうち直りますから……」と言われました。実際、自然に直ってきました。

空想物語にして聞かせたら、あれほど苦手だった風を克服

風への恐怖心を克服するために、「風はお友達だよ。いっしょに遊ぼうねって言ってあなたのところに遊びに来るんだよ」とか、風が吹くと「今の風はママのところに遊びに来たんだよ」という空想物語にして聞かせました。

うちの子は空想や物語の世界が大好きで、一人でやるお人形遊びも大好きなんです。「ブランコを揺らせているよ。風さんが遊ぼうとしているんだよ」と言うと、本人もマネをして歌うようになって……。

そのころから風への苦手意識がなくなりました。そのときは私の中からとっさに出た言葉でしたが、それ以来、苦手なことは何でも物語の中に入れて教えるようにしました。あと、娘はシンデレラやお姫様が大好きだったので、レストランなどで歩き回っているようなときは、「それじゃお姫様になれないよ」と言うと、ちゃんと座っていられました。

いっしょにお料理をしたら苦手な野菜も食べられるように

鈴木先生のお話を伺っていて、食事についても見直しました。それまでは、保存料や着色料などの入ったものを気にせず食べていましたが、そういった食品は止めるようにしました。

うちの子は元々、白米以外は好きではなく、他のものはまったく食べませんでした。「お魚や野菜をメインにしてください」というお話も最初に伺っていたので、何とか食べられるようにいろいろ工夫しました。

野菜は、幼稚園で食べた中華料理がきっかけで食べられるようになりました。餃子を作るときに、皮も自分で包ませたら食べるようになりました。それまで皮は食べられないものだと思っていたようで、中身だけ食べていたのが皮ごと食べたんです。

あと、野菜は家庭菜園をしたり、野菜を切らせたりしました。キャベツやにんじんをものすごく小さく切るのが好きなので、自分で切らせてコンソメのスープに入れると食べられるようになりました。

そのほかにも、小さいときは好き嫌いが多かったのですが、嫌がるものを無理に食べさせることはせず、いろいろ工夫しながら本人から食べられるようにしていると、成長とともに食べられるものが増えていきました。

鈴木先生から指先を動かすのがいいというお話も聞いて、ピアノをはじめたのですが、いっしょに台所に立って料理をするのも指先の刺激につながりました。

「やらないよりやったほうがいい」

今、お子さんのことで悩んでいる方がいたら、「できることは何でもやってほしい」

と思います。もちろん、できることからでいいんです。最初は点にしか思えないかもしれませんが、点が一つひとつ増えていくと、どこかで点と点がつながって明るい希望が見えてくると思います。

「自分の子にはできない」と決めつけず、どんなに小さなことでもできることからやってみることが大切だと感じています。「ダメ」でもともと、「やらないより、やったほうがいい」んです。

それから、伸ばしたい方向をほめることが大切だと知りました。私も担任の先生も伸ばしたい方向にほめました。少しでもできそうだったらほめきると、いつか本当にできるようになっていきます。不思議ですね。

子どもの成長は待ってくれませんし、その時期にやらないとどんどん遅れてしまいます。泣きたいことも悔しいこともありますが、どうせ泣くなら、少しでもやれそうなことをやってみてから泣けばいいんです。

少しの可能性でもあると思ったら、命がけで取り組んでみる。それが私には良かったんだと思います。

先日、娘が18歳の誕生日を迎えました

子どもの誕生日には、大変だった出産を思い出した後で、決まって「出産より子育てのほうがもっともっと大変だったな」と振り返っています。

言葉では言い表わすことなんてできないくらい、長くて大変な道のりでした。苦労はいっぱいでしたけど、苦労したから、子どもの成長がすごく嬉しかったようにも思います。

小さいころからできないことを投げ出さず、一つひとつ壁を乗り越えてきたから、今は誰よりも真面目に受験勉強に取り組んでいます。

そして、小学校から目指してきた12年間の皆勤賞も達成できそうです。

今やっていることは、何かにつながっています。今すぐ結果は出なくても、必ず何かにつながっていると私は思います。志望校へ行けなかったとしても、そこを目指して頑張った日々をほめたいと思っています。

ただただ幸せになってほしい……。親の願いはそれだけです。

☆2歳まで順調だったわが子に次々と現われる症状

斎藤真理子

2歳までは順調だった

娘の理子は2歳ころまではとくに気になることもなく、順調に発育していました。言葉も、歩きはじめるのも、どちらかというと早いほうでした。

上にお姉ちゃんがいて英語を習っているため、家でもDVDを見せたりしていたのですが、理子も興味を持っていっしょに聞いていて、いい発音で話したりしていたのです。お絵かきも大好きで上手でした。

異変が起こったのは2歳のときです。肺炎で入院をしたのですが、私から離されて別の部屋に連れて行かれ、看護師さんに押さえつけられて点滴を受けたことがありました。

それが娘にとっては、かなりの恐怖だったようです。それからは、病院に行くのを異様に嫌がるようになりました。入院中に抗生剤もかなり投与されました。

その直後あたりからです、さまざまな気になる症状が現れたのは。私は「この一件が引き金になったのではないか」と思っています。

次々と現われてきた気になる症状

気になる症状というのは、いつもと違う空間に入るとパニックを起こすことです。たとえば地下鉄に乗るときなど、もう大変。怯えて大騒ぎです。音や光に対して敏感で、花火などもダメでした。3歳のときにディズニーランドに行ったのですが、夜の花火を見てパニックを起こしたこともあります。人ごみ、お祭りなども苦手でした。

日常生活でパニックを起こすということはほとんどありませんでしたが、言葉は遅れはじめました。2歳まではおしゃべりだったのに、そこで止まってしまった感じです。たとえば冷蔵庫の飲み物を飲みたいというときは、私の手を引っ張っていって指を差して伝えるという感じでした。

それから、目が合わないというのも気になりました。写真を撮るのに、「こっち見て〜、はいチーズ」などと言って撮りますよね。あとからプリントして見てみると、娘はカメラを見ていないのです。でも2歳までの写真を見てみると、ちゃんとカメラを見ているのです。

ほかには、絵本を読んでも聞いていないし、こちらを見ようともしない。迷路のドリルが全然できない、というのもありました。ただ、お絵かきやパズルなど自分の好きなことには積極的に取り組んでいました。

偏食も出はじめました。果物は食べるけれど、野菜は全然ダメでした。食べられるものがとても少なく、うどんかパン、ヨーグルトとチーズ、トマトぐらいなのです。これも2歳までは好き嫌いなく、納豆でも漬け物でも何でも食べていたのです。それが急に食べなくなってしまいました。

3歳からは幼稚園に通いましたが、団体行動が苦手でした。ただ、先生がとても細やかに面倒を見てくださったので、幼稚園は楽しく通うことができていました。

不思議だったのは、男の人がダメになってしまったこと。親戚のおじちゃんもダメ。2歳まではその人になついていたし、向こうも娘をとてもかわいがってくれていたのに、突然近寄ろうともしなくなりました。

幼稚園でも、参観日にお父さんがいようものなら大変で、私にしがみついてずっと泣いているのです。レストランでも周囲に男性がいると泣きだし、入り口に逃げていくんです。もしかして肺炎で入院したときの医師が男性だったため、それが原因になっているのかもしれません。

3歳児健診で発達を疑われる

3歳児健診では、眠いのもあってパニックを起こしてしまい、小児科医に「あんたの教育が悪い」と言われ、大きなショックを受けました。

その後、知能検査（田中ビネー式）を受けたところ、「中度」の診断でした。それで「療育センターに行ってはどうか」とすすめられたのですが、私のなかでは、療育センターに行くこととイコール子どもに「ダメな子」という烙印を押されるような気がして嫌でした。小児科医に言われた心ない言葉もひっかかっていました。

でも知人のお嬢さんが療育センターに通っていて、そこでは「お母さんの責任ではないですよ。自分を責めないでください」と言われたそうです。私もそのことを聞いて気が少し楽になりました。

ただ、「療育センターの教育ではうちの子には効果がない」と思い、通ってはいませんでした。かえって「普通の幼稚園で普通児と触れ合うことがいい」と思ったのです。

よく食べるようになり偏食も治っていった

鈴木先生に出会ったのは、ネットで発達障害について調べていたときに偶然ホームページを見つけたのがきっかけです。その後、鈴木先生の本も読み、親子面談も受けました。

すぐに取り組みをはじめました。すると1カ月後ぐらいに幼稚園から連絡があって、「理子ちゃんがこのころ、給食を全部食べるのです。何かしましたか?」と聞かれたのです。

じつは、それまで幼稚園の給食はほとんど食べていませんでした。先生が無理やり口に運んでいた感じです。それが最近では、ずっと完食しているというのです。

家でもよく食べるようになり、偏食がどんどん治っていきました。「これを食べると頭がよくなるよ」「きれいになるよ」と言うと、苦手だった食べ物も食べるようになりました。

そのほかにもいろいろな変化が……。まず表情がぼーっとしていたのが、だんだんしっかりしてきました。それから、それまでは夜11時を過ぎても寝なかったのが早く寝るようになり、体温も以前は35度台と低かったのが36・5度にまで上がりました。

数カ月すると、人に興味が出てきたのか、自分から人に向かって働きかけをするようになりました。それまでお友達に「○○ちゃん」と呼びかけることがなかったのに、呼びかけていっしょに遊ぶようになってきたのです。

私が実践したこと

超高速楽習法のカードをはじめました。すると、みるみる言葉を覚え、それまでの1語文から2語文、3語文になってきて、会話も上手になってきました。ただ、これも「体質改善をしたからこそのことだ」と思っています。

よく「朝食を食べない子どもは勉強ができない」と言われます。それと同じで、体質改善をしないままでは言葉の発達もないように思います。

それ以外で私が取り組んだことを思い出すままに書いてみます。

・3歳から6歳まで学習ドリルをやらせた
・キャラクターが描かれた紙を、子どもを中心に床に前後左右に貼って「前にぴょん」と言って空間を理解させた
・幼稚園のバス待ちの際に車の色や大きさなどを毎日言い続けた
・片足バランスやスキップなどをした
・色や食べ物など、簡単な英単語を教えた
・地図パズルを利用して、都道府県などを理解させた
・キューブ積み木を使って立体を作り、何個使っているかなどを考えさせた

こんな感じですが、そのほかに鈴木先生が推奨しているパワーアップ体操は毎朝、子どもといっしょに行ないました。子どもがやらないときでも、「自分のパワーが下がっているな」と思うと行なっています。

子どものパニックを克服

パニックを起こさないための工夫もいろいろしました。トラウマにならないよう、一度パニックになった所にはしばらく連れて行くのはやめました。それでも、極力いろ

んなところに連れて行くようにしました。

その際、なるべく自然のある所や動物のいる所を選びました。そうして当時は、毎週のようにどこかに行っていました。これから行く所、または行ってきた所を必ず地図で理解させ、同時にその地域の名物や特徴のあるものを教えました。

そういうことを積み重ねているうちに、人ごみにも慣れ、音にも驚かないようになりました。最終的には、一度パニックになった所に再度連れて行っても、もうパニックを起こすことはなくなりました。

とにかく、「楽しい♪」ということをいっぱい味わわせるようにしていました。

幼稚園の先生を啓蒙

幼稚園はとても良くしてくださったのですが、「発達障害についての理解がほとんどないのかな」と思うこともありました。

年長さんのとき、ちょっと威勢がよくて、ときには厳しいところのある先生が担任になりました。ちょっときついものの言い方とか、否定的な言い方をされることがあるのです。

娘が給食を少し残してしまったとき、「先生は怒っているよ」と言ったというのです。娘にはとってもショックだったらしく、帰宅してからもずっとそれを訴えるのです。「これは困った」と思い、先生に時間をとってもらって話をすることにしました。「発達障害の子は、先生が言っていることがわかっていないわけではないのです。でも、自分のことをうまく伝えられない、表現できないだけなのです」

そのように伝えると、その先生は泣いてしまわれました。でもそれからは変わってくれて、マイナスな言葉、ネガティブな言葉を使わなくなりました。そのあたりから娘も元気になり、おしゃべりも上手になってきたように思います。

本当に娘の成長を感じたのは年長の夏の運動会でした。娘が全園児を代表してスピーチをしたのです。大きな幼稚園なのですが、見学の保護者も入れると2000人ほどの観衆を前に、堂々とお話ができたのです。

年少のときは、スピーカーから流れる大きな音だけでパニックを起こして大騒ぎになりました。私は恥ずかしくて家に帰りたいと思ったぐらいです。それを克服したどころか、堂々とスピーチまでこなしたのですから、親としてはほめてもほめきれないぐらいのことでした。

言われたとおりにしていたら特別支援学級だった

その年の秋、小学校入学に向けた就学時健診がありましたが、すべて問題なくこなすことができました。

それでも、かつて発達障害の診断を受けたという理由で、学校側からは特別支援学級をすすめられたのです。

一応、支援学級を見学に行ったのですが、療育のときと同じように「娘には合わない」と思いました。娘も「ここは楽しくない」と言います。

その時点では、娘はかなり改善していましたし、ちゃんと座って話も聞けて、お友達ともかかわれました。もちろん迷惑をかけることもありませんでした。親としては「普通学級で大丈夫だ」と確信していたのです。

それなのになぜか、支援学級を再三すすめられました。どうも娘の通う学校では今年から支援学級が2クラスになったということで、人数をそろえなければいけないという事情もあったようでした。

あそこで気弱になって、先生の言うとおりにしていたら支援学級でした。でも、娘が嫌がるところには行かせたくなかったので頑張りました。最終的に1月に小学校の先生が幼稚園に娘の様子を見に来て「落ち着いて見えますね。では普通学級でどうぞ」ということになり、やっと判断が降りたのです。

幼稚園の先生も「こちらで普通にやってこられたのだから、普通学級のほうがいいのでは」と言ってくださいました。

お蔭さまで4月に小学校に入学しましたが、毎日楽しく通っています。お友達もできました。勉強も頑張っています。パソコンも得意で、とくに教えたわけでもないのに、ローマ字入力で打ち込んだりしています。英語も上達しています。

しかし、まだ言葉が少しおぼつかず、会話が苦手なところはあります。これは今後の課題です。

以前は親を困らせたパニックは、今はほとんど出ません。たまにかんしゃくは起きますが、それはいわゆる普通の範囲だと思っています。

ここまでのお話は何年か前の話です。そのころから時が流れて、娘は大きくなりました。将来を夢見るごくごく普通の女の子です。もともと教師だった私は、鈴木先生に教えていただいた発達障害の子どもの伸ばし方と理子との経験から、現在は自宅で発達障害の子どもたちのスクールを開いています。

「わが子は発達障害かもしれない」「自閉症スペクトラムと診断されてしまいました」と不安と絶望でやって来るお母さんたちには、「絶対にお母さんがあきらめないでくださいね」とお伝えしています。

そして、本当にあきらめずに続けていると、子どもは驚くほど伸びるのです。鈴木先生がおっしゃるとおりです。

子どもたちの特性を見つけ伸ばせる場所であってほしい

私は、「幼稚園や保育園の先生たちにこそ、発達障害の子どもの特性や指導法を知ってもらいたい」と思っています。発達障害かもしれないグレーと言われる子どもや感覚が鋭い子ども、逆に感覚が鈍麻な子どもの真の姿を知ってもらいたいと思います。

子どもたちに見えている物や聞こえている物が私たちと同じとは限りません。

絵本を読み聞かせているのに興味を持たない子どもは、もしかしたら文字がぐにゃぐにゃ動いて見えているかもしれませんし、赤が赤に見えていないかもしれません。

奇声を上げるような子どもは、先生の声やほかの子どもたちの声が、エレキギターの高音のように聞こえるのかもしれません。

食感だってそうです。まるでトゲのように感じる食べ物もあれば、やわらかな物を飲み込もうとすると「オエッ」とえづく嘔吐反射が出る子もいます。

「みんなができることができないのは、単に我がまま過ぎるから、頑張りが足りないから、ではないということを先生方には本当に知っていただきたい」と思います。

視点を変えて見ることで、発達障害を持つ子どもたちの特性や本質が見えてくると思います。そうすると先生も子どももハッピーになれるのです。

小学校に入学する前の大切な時期に、子どもたちの持つ特性を見つけて伸ばせるような場所であってほしいと思うのです。

☆めちゃめちゃワイルドだった5歳児が心優しい14歳に!!

天野　凛

愛するわが子の将来を案じるも

私は、息子の妊娠中に溶連菌に感染し、抗生物質の点滴投与を受けながらの出産になりました。呼吸微弱で、低体温の息子は数日間保育器に入っていました。その影響か、保育園に入るようになっても病弱で、何事にもゆっくり。言葉の理解が不明瞭で指示が通りにくい。保育園からもそうした指摘を受けることが多く、その度に心配していました。

保育園側の「何か違う子」というイヤ～な視線を感じて胸をしめつけられるような感覚に襲われることも何度もありました。

言われるままに、療育施設の相談などに息子を連れて行きました。ところが、その場所に行くと息子が嫌がるのです。私も直観的に「ここは息子の居場所ではない」と思い、行くことをやめました。

その後、何をどうしたら良いのか？　わからぬまま就学期を迎えました。就学前になっても、息子は言葉が出ないのです。そのころ、母が昭平先生の本を見つけてくれました。その中に書かれていた「発達障害は改善する」というメッセージは衝撃的でしたが、半信半疑でした。しかし母が、まずは自分で直接鈴木先生の話を聞いてから考えても遅くないと背中を押してくれたので、親子面談を申込みました。

先の見えない不安でいっぱいでしたが、申込み用紙に息子の状況を書き連ねていると、「どうか息子にとって可能性が見えますように」という期待が膨らんでいきました。

考えや眼差しが前向きになり希望が見える

親子面談を受けると、息子は嫌がりませんでした。「何か違う子」という偏見の眼差しもまったくなく、むしろ「発達障害児には天才性がある」という立場で、きちんとわかりやすく説明される内容に希望が見えてきました。

それまで体験してきた療育施設や保育園ではテンションが下がりっぱなしで、メンタル的に疲れ果てていましたが、昭平先生の考えや眼差しは前向きで、私たちの気持ちに栄養を与えてくれたのです。

さっそく取り組みをはじめました。まず、息子には生活のなかで目に見えるものをなるべく言葉で伝えるようにしました。たとえば、「これトマトね、トマト、お箸でつかんで食べてね。はい、どうぞ」といった感じです。

息子が自然とトマトにお箸をのばしたら、トマトをつかみそうかな？　くらいのタイミングで、「おはし上手、偉いね」とほめます。こうしていると、なぜか、しっかりした手つきでお箸を使って食べ物をつかみ、食べることができます。たとえ、うまくつかめていなくても、つかめたことにしてしまうことで、できちゃっていることになってくるんです。

おじいちゃんの「ホメ育て」

当時シングルマザーの私には父と母の協力が大きな助けになりました。たとえば息子は、歩きだすことも遅かったのですが、おじいちゃんが神社に手を引いて連れて行き、一生懸命歩くことを教えてくれました。

そして、「いい子だな。言葉が豊かになったな。お前はユニークだな。頭いいな。しっかり歩くなぁ」と常にホメてくれました。

ただ、歩けるようになってても父がいつまでも手をつないでいるので、私は「いつまでも手をつないでいないで、一人で歩かせて！」と怒ってしまったこともありました。でも今思うと、息子が年老いてきた父の支えになっていたのだ、息子のおかげで父は安心して歩けたのだとわかります。息子を心優しく思いやりの溢れる子に導いてくれた父に、改めて感謝しています。

その父は3年前に他界しましたが、息子はときどきこう言います。「じいじに会いたい。でもね、じいじは僕のここにいるから大丈夫」って胸をさします。

小さな体験を積み重ねて

日常生活のなかで、くり返し小さな成功体験をさせて、達成感と自信を積み重ねていきました。何か一つできると、私と父と母で手を叩いて大きく喜びました。

時間をつくっては、さまざまなところへ連れて行き、いろんな経験もさせました。これは母の提案でした。実際にその場の雰囲気に浸り、触って、見て、感じて……。ドライブに行ったときは、外を見ながら「天気は晴れだね。雲があるね」と話しかけました。車から降りれば「今日は風が冷たいね。びゅうびゅう吹いているね」、道の駅によれば「これは、大根。これは人参」と。そんなふうに、できるだけ息子に話しかけました。

息子は最初のころは聞いているだけでしたが、段々リピートするようになり、そのうち「大根買っていこう」「人参どうします？」と聞いてくるようになりました。

言葉がだんだん増えて理解力がつき、習字も得意に

はじめのころは、昭平先生のレッスン中でも座っていられず、バタバタ足音が聞こえました。あるとき、ソファーがなくなっていたので昭平先生に尋ねたら、「優斗くんがよじ登るのでソファーは片づけました。あると気になるからね。なくしたんですよ。簡単なことです。指導者がちょっと工夫すればいいんです」とさらっとおっしゃいました。

またヒントを頂いたと思いました。改めて「取り組みを頑張らないと」と思いまし

た。

鈴木先生がやってくださるようにカードをフラッシュしていると、言葉がだんだん増えていき、理解力もついてきました。それにつれて、自分で状況を判断して対応することもできるようになりました。

息子は鉛筆を持つことが苦手で、余計な力が指先に入ってしまい、痛くなって鉛筆を長い時間持てませんでした。そこで母が「鉛筆はやわらかくね」といつも声掛けして、運筆からはじめました。書道の師範でもある母は、習字も教えてくれました。そのおかげで、学校の書道の時間には芸術的な筆遣いができるようになりました。

森林キャンプで新しい発見

鈴木先生から紹介していただいた「NPO法人　天才の卵」が主催する長野県白馬での森育（もりいく）キャンプでは、地上8メートルにあるロープをつたって移動するアスレチックに挑戦し、最速を記録。しかも涼しい顔でゴールして、大人たちをビックリさせました。スタッフの皆さんから頂いた息子への応援メッセージは、私の宝物です。

この森育キャンプで息子に対する新しい発見をしました。それで、午前中はプリントをしたり、カードをフラッシュしたりして過ごし、午後は公園でときどき「青空教室」と称して、ボールやジャンプなど、いろんなことにトライしました。

お陰さまで、身体能力はかなり伸びました。

スモールステップで課題をクリア

ボールを投げる・相手のボールを取るという行為が理解できず、はじめはうまくできませんでした。昭平先生から教えていただいたように、すごく近くでボールを渡す・もらうのくり返しをしていたら、段々距離を広げても投げる・取るができるようになりました。

一気にできなくても、一つのステップをさらに細かいスモールステップにして、くり返しているとクリアできるようになっていくんです。

中学生になった現在はバスケ部です。チームプレーをするにはまだ課題はありますが、部活で張り切っています。

次々にできることが増え、やる気満々に

超高速楽習法の他に、図書館で借りてきた紙芝居を読んで聞かせたりしました。また、小さなカードを使って、たとえば、「黄色い長靴」をはいた「女の子」が「赤い傘」をさして歩いて帰ってきたというようにカードをつなぎ合わせて簡単な物語をつくって聞かせました。

話した後は、「物語に何が出てきた？」と質問をして当てるゲームをしました。それが、記憶の回路を強化することに役立ったと思います。そのほかに、たとえば「今日、学校に持っていったお弁当には何が入っていた？」と聞いて、思い出す機会をつくるようにしました。

学校のプリントは、運筆ができるようになるにつれて少しずつできるようになっていきました。

超高速楽習法については、飽きさせないように変化と工夫を凝らして取り組んでいると、瞬間的に集中するタイミングが増えていきました。また、カードをするときは、「次はこうするんだ」と理解して、私より先にカードを持ってきたり、カードの言葉の

意味を説明してくれるようになりました。

たとえば、おはしのカードでは「こうやって持って（ジェスチャー）、ごはんを食べる」、ほうきのカードでは「こうやって持って（本人がジェスチャーをしながら）、そうじをする」という具合に、得意気に説明してくれました。

次々とできることが増えていき、やる気満々で自分が取り組む姿を見せようとします。その勢いに圧倒されるほどでした。たまに私が忘れていることがあると、「ママ、これは今日やらないの？」と、逆に教えてくれて感心しました。

先取り学習に取り組む

学校の先取り学習として、私が平家物語や枕草子をただひたすら楽しそうに息子の前で読んでいました。覚えさせるというよりは、早くリズミカルに読みました。すると、次第に私の後について追い読みをするようになりました。さらに、出だしを読むと次に続く言葉が出るようになり、ついには暗唱できるようになりました。

私は、そのことを学校へ事前に伝えました。息子は、自分からは「はい！　暗唱できます」と積極的に手をあげることはできませんでしたが、先生から「暗唱できる?」と声をかけてくださいました。息子はクラスで、先生と友達を前にしっかり発表できたそうです。

そのことは、息子にとって素晴らしい成功体験になり、大きな大きな自信になりました。せっかく覚えても、「はい!」と言えずに発表する機会が持てないよりも、学校に情報を伝えておくことで、自信を持てる機会を得ることのほうが息子にとっては大切だと思ったのです。

今は「寿限無」を覚えています。息子の脳の中が大きな本棚になるようにイメージしています。

子どもといろんなことにチャレンジできる自分でいたい

8年前、親の私には、いくつかの選択肢があったのかもしれませんが、今はこれまでやってきたことは良かったんだと思えます。

新しいチャレンジをするときには、誰しも正しい選択をしたかどうかわからないから不安になり、立ち止まってしまいます。私も紆余曲折し、一喜一憂し、ときには自己嫌悪に陥ったり、焦ったりしました。そうしていろんな感情をもちながら過ごしてきたことを振り返ると、凸凹があり、急な下り坂や登り坂もあって、全然平坦な道ではありませんでした。正直、今もそうです。

でも、どんなときでもぶれないことがあります。それは「私は息子を愛している」ということです。だから、いろいろなことにチャレンジできたのだと思います。非常に真面目で、頑張り屋さんの息子は、チャレンジしたことに一生懸命に応えてくれました。とっても親孝行です。

私は一生、息子の応援団長

正解かどうかわからない扉を開くことは、とても勇気のいることです。それが幸せに続く扉であったかどうかは、一つひとつの歩みの積み重ねがいずれ教えてくれるのだと思っています。

私たち親子は、まだ歩みの途中です。これからもたくさんの試練が待ち受けていると思います。だからこそ、「正しい選択をした」と実感できるように、ぶれずにコツコツ続けていくつもりです。

変わらないのは、息子の応援団長は母である私だけだということです。人から、過保護だとか言われてもいいのです。

息子に対する私の言動は、見様によっては「構いすぎる」と感じる方は多くいるかもしれません。しかし、息子をよく観察し、スムーズに歩んでいけるようにサポートしていくためには、今は構わなければと思っています。

そのうち、構わなくても良くなっていくし、「もう僕は大丈夫」と離れていきます。さらには、私のほうが「構ってね」と息子を頼ることになるでしょう。すでに、そうなりつつあります。

たくさん構った分、安心して歩いていけるような気がします。だから、思う存分構って良いと思うのです。人から、過保護だとか言われても……です。どんなときでも応援できるのは、いつまでも私しかいません。これは私の覚悟といってもいいかもしれません。

「子育ては親育て」と実感!

8年前には、改善した今の息子を想像もできませんでした。「どうしてこの子がこん

なことに？」「どうして私なのか？」と思ってばかりいました。そんなとき、昭平先生が

「親にとって、子どもがいる限り、一生ずっと課題はあるからね。あなたのところに優斗くんが生まれてきた。お母さんなら、乗り越えられると思ってね。

何にもない人生なんてつまらないよ。お母さんを成長させるために優斗くんが必要だった。魅力あふれる優斗くんに感謝しなさい」

と涼しい顔でおっしゃいました。

「感謝ですって!?　一筋縄ではいかない子育てに、どうして感謝なの？」

「私がいちばん大変なのに、なぜ息子に感謝をしなければならないの？」

という思いが湧いて来て、当時の私にはその言葉の意味が理解できませんでした。

しかし、息子と一緒に歩んできた今、ようやく鈴木先生の言葉が理解できるようになってきました。息子からいろいろなことを学び、気づかされたことがたくさんあります。

「あきらめないで続けること」

「くだらない偏見を持たず、柔軟なとらえ方をする」

そして、「この子は絶対大丈夫」と信じて、成長のために努力を惜しまず、どんなことにも可能性を見出すようにしていたら、息子の見えなかったものが見えてきました。息子の才能が、あるとき突然、輝きだすことも学びました。

そうして私自身の捉え方が変わったことで、考え方の多様性が広がり、共感できることも増え、視野が広がったと感じます。これは「息子に感謝」すべき大きな経験と財産です。

たくさんのサポートを活かして前に進むのは本人しだい

私にとって夢のようなエピソードがあります。

息子が中学1年の夏に、私は結婚をしました。「エスコートしてバージンロードを歩いてくれる？」と、思春期に差し掛かった息子にお願いしてみると「快諾」で頷いてくれました。

「三人の新しい門出」のその日、タキシードに身を包んだ息子は、緊張のなか、立派に大役を果たしてくれました。父も喜んでくれたと思います。

今は優しくも潔く男気のある息子と、息子を理解して家族を大切に思ってくれる主人に感謝です。

今回こうして、８年の軌跡を振り返る機会を得たことで、忘れかけていた当時の感情がよみがえってきました。これからも、さらにパワーアップしていろんなことにチャレンジしていきたいと心新たにすることができました。

私たち親子が今まで歩んでこられたこと、そして、息子がたくさん成長できたことは、周囲の方々のおかげはもちろんですが、一番は両親のサポートがあったからこその結果です。

母は、一人で悩んで心配したりせずに、気持ちを共有してくれて、多くの時間を使い、私の気持ちに寄り添ってくれました。

そして父は、静かに見守り、細かいことには一切口を挟まず、すべてを受け止めて寛大な気持ちで対してくれました。息子のことをたくさん愛し、いっしょの時間を過ごしてくれました。

そのような力強いサポートのおかげで、私自身の心に余裕が生まれ、息子との取り組みに集中して臨めたと思います。ですが、そのサポートを活かして前に進めるかどうかは本人しだいです。

息子は、非常に素直で真面目です。息子本人が根気強く多くの努力をしてきたことが、成長につながったと思います。「どうしてそんなに素直なの？」「どうしてそんなに頑張り屋さんなの？」と、息子の様子を見ていて、よくそのような気持ちが湧いてきます。

息子には、家族から愛されているという自信があります。「それが素直な気持ちを育む土台になった」と感じます。「息子を思いっきり抱きしめたい」気持ちでいっぱいです。

☆「僕は発達障害の子どもの力になりたいんだ!」

上原真弓

自分から「オシッコ!」とは言えない

私は出産後も早くに仕事に復帰しましたので、息子は夫の両親に預けていました。今振り返ると全体的に発育はゆっくりだったのですが、周りに同じ年ごろの子どもがいなかったこともあって、「こんなものだな」と思っていました。

歩きはじめたのは遅く、1歳10カ月でした。同じころに言葉も出はじめましたが、パパ、ママ、ジィジ、バァバ、ワンワンなどの単語だけです。

大人ばかりの環境でしたので息子が泣いて何かを訴えたり指さしをしたりすると、私たちは何でも先回りをして息子の欲求を満たしていたように思います。そのせいか息子は2語文も3語文も話せるようにはなりませんでした。

成長が遅い息子でしたが、オシッコやウンチはおもらしをしたことがありません。預けていたおばあちゃんが、1日の中で何度も「オシッコ出るかな？」とトイレに連れて行ってくれたお陰だと思います。

1日に何度もトイレの便座に座らせて「シー、シー、シー」、「ウーン」と音で誘導して、オシッコやウンチを教えてくれていました。テレビを見た後、ごはんを食べたら、お昼寝の前後、おやつを食べたら……と、オシッコが出ても出なくてもルーティンワーク的にトイレに座らせてくれました。

おかげでいつの間にかトイレでオシッコもウンチもできるようになりました。それでも、息子が自分から「オシッコ！」と言うことはありませんでした。

いつも一人でいる

3歳を過ぎてから、プレ保育として半年ほど通わせた保育所でもおもらしはしませんでした。ところが、息子は初めて「オシッコは？」と聞いてくれる人がいない状況に身を置くことになりました。

保母さんのお話では、最初の数日は不安がって泣いていたそうですが、周りの子どもたちが「オシッコ～」と言うと誰かがトイレに連れて行ってくれることに気づいた瞬間があったそうです。その日からは自分で「オシッコ」が言えるようになりました。子どもは必要に迫られることがないと言葉は出ないのだと痛感しました。

トイレトレーニングは上手くいきましたが、その他のすべてがゆっくりでした。着替えも時間がかかる。手先も器用でないためにボタンが掛けられない。スプーンやフォークが不安定で食べこぼしが多い。動作もゆっくりで、おとなしい。

ですから、同じ年の機敏な男の子たちのスピードについて行けず、いつも一人でいる感じだったと思います。

「息子さんは普通級よりも支援級のほうがいいと思います」と言われて

幼稚園に入園しても基本的には変わりませんでしたが、同じクラスに息子の面倒をよく見てくれる女の子がいました。先生が話したことをもう一度伝えてくれたり、手を引いてくれたりと、まるで「小さなお母さん」のようなお嬢さんでした。

一度、そのお子さんに「どうして、そんなに仲良くしてくれるの？」と聞いてみましたら、「だってね。とっくん（息子）が困っているみたいだから」と教えてくれました。

たしかに成長は他のお子さんよりゆっくりだし、しゃべるのもたどたどしいところはあるけれど、奇声を上げたり、多動で困るということもないし、暴力的でもないので、そのうち成長するだろうと思っていました。私自身、切羽詰まった意識はなかったですし、多少の心配があったとしても、何をどうすればいいのかわからないままでいたように思います。

年長の秋になって小学校入学に向けての面接がありました。これは園長先生と担任の先生との面接です。そのときにはじめて、園長先生から「息子さんは普通級よりも支援級のほうがいいと思います」と言われました。初めて「そんなに深刻な状況なんだ」と自覚しました。

先生方はそういった目で息子を見ていたこともわかり、さすがにショックを受けました。しかし、いろいろ考えても「支援級」に入れようという考えには至らず、小学校は普通級に入学させました。

「危険な子」とレッテルを張られる

しかし、ここからが大変でした。授業がはじまりましたが、45分間じっと座っていられません。座っていられるのは20～30分が限度で、その後は立ち上がってフラ～と歩いてしまいます。

担任の先生の方針もあったようで、息子を無理やり座らせるようなこともな、1学期は過ぎていきました。クラスメイトからは「なんか変な子」といった感じで見られていたようですが、他の子どもたちもまだこの時期は緊張していますし、自分のことで精一杯です。1学期には、息子のことをそれほど気にする子もいなかったようです。

2学期になると授業中に離席するようなことはなくなりましたが、クラスメイトとのコミュニケーションが取れなくなってきました。このころでもまだ、自分の言いたいことをスムーズに言語化することができずにいたからです。

そのせいか、クラスメイトに何か言われると石を投げるようになってしまいました。そして「危険な子」とレッテルを張られるようになりました。このように、小学校に入学してから、幼稚園で指摘されていたことが目立ってきました。

言葉で伝えられないことがイライラにつながっていた

国語の教科書を大きな声でしっかりと読むのは苦手でした。漢字もなかなか覚えられません。あるとき宿題を見ていると、「口」は書けるのに「名」は書けないのです。どうして覚えられないのか、なぜ書けないのか悩みました。

そこで考えついたのが、とにかく漢字を息子がわかる最小の形に分解することです。「名」の場合は、カタカナの「タ」に「口」がついて「名」、というように覚えさせました。そうして漢字を細かく分解してから、もう一度、組み立てるように教えました。文章については、文字のない絵本を見せて絵本に書いてある名詞を言わせ、次に「これはどうなるの?」「どこに行くの?」などと質問しながらストーリーを作る練習をしました。

すると、最初は「猫、僕」といった言葉しか出ていなかったのに、半年くらいで物語を作れるようになりました。

後からわかったことですが、言いたいことがスムーズに伝えられないことのイライラが、石を投げる行為となっていたのです。

小学生になっても階段を怖がる

幼稚園から続いていたことですが、息子は小学生になっても高いところが怖くて、階段を降りられませんでした。降りるときは、後ろ向きに膝をついて幼児のような降り方しかできません。

身体面も強化しなければならないし、どうしたらいいかと悩んでいたころ、鈴木先生の本に出会いました。すぐに取り組みをはじめ、カウンセラーの先生からのアドバイスも受けました。私の母にも協力してもらって、三人で毎日近くのスーパーに行き、階段を下りるための練習もしました。

まずエスカレーターで練習をしました。上がるときは上の階で私が待っていて、おばあちゃんが手を繋いで一緒に乗ります。最初は足を出して乗るタイミングがなかなかつかめません。数を数えたりしながら、足を出して乗り込むタイミングを教えました。

降りてくるときは、階下に私が待っていて、最初はおばあちゃんと手を繋いで、次は一段前に息子、後ろにおばあちゃんといった感じで、一段ずつ間隔を開けていきました。最後は上でおばあちゃん、下に私がいると、その間を一人で往復できるようになりました。ここまでできるようになるまで1週間ぐらいでした。

足し算ができない息子が割り算までできた

息子が小学1年生のころは、足し算は指を使わないとできませんでした。2桁なんてとんでもない。それが2年生の夏休みに、鈴木先生から「九九のカードをやりましょう」とすすめられました。

2年生で足し算も思うようにできないのに、九九のカードをやるわけですから、正直言って、かなり驚きました。ところが、1週間で九九カードをすべて覚えてしまったんです。ただこの時点では、まだカードがないと言えませんでした。

最初は「いつまで続くかな」と思いましたが、本人がやりたがるので毎日やりました。最初は10分だったのが、30分でもできるようになっていました。1週間で言えるようになったといっても、数の概念はわかっていません。順番や並びで覚えている、そんな感じです。カードがなくても、ランダムで言えるようになったのが1カ月後です。

それよりも驚いたことに、九九ができるようになったら、足し算ができるようになっていたんです。「こんなことってあるんだ！」と驚きました。それからは、割り算も理解できて、算数が好きになりました。

学年が上がってイジメがはじまる

低学年のうちは、それほどでもなかったのですが、中学年、高学年になると他の子どもたちが息子に対して、「幼稚くさい」とか「少し変だ」とか思いはじめたんだと思います。そうしているうちに、イジメがはじまりました。

低学年のころも、一部の子どもたちに「バカ、死ね、なんで学校くるんだよ」などと言われたことはあったようですが、5年生になると下校途中で何人かが隠れていて、息子が通ると突然出てきて、ズボンとパンツを脱がせて笑うような事件が何度か起きました。

そのときは、たまたま同じクラスの女子が通りかかり、それを見て先生に教えてくれました。学校側が仲介して相手の親が謝罪する形で決着しました。

中学校に入ってからも、そうした陰湿なイジメは続きましたが、2年生になって担任の先生が変わったことで息子も変わっていきました。その先生が「みんなと同じじゃなくていいんだよ。君にもいいところがあるから、大丈夫だよ」と言ってくれたのです。

十分社会性が身についている

少し時期が前後しますが、フリージャーナリストの後藤健二さんが2014年に中東でイスラム過激派に拘束されたというニュースが流れました。息子はそのニュースで後藤さんのお母さんが「助けてほしい」と訴えている映像を見て、私にこう言ったんです。

「お母さん、政府、総理大臣は何やってんだ」「なんで助けに行かないんだ」と。そのとき息子は小学校6年生でしたが、後藤さんがシリアに行った経緯を自分で調べていたんです。

息子が言うには、後藤さんは友人を助けるために行ったのだから、今度は後藤さんを助けに行かなきゃいけないと。「僕が総理大臣だったら、命がなくなっても助けに行く」「お母さん、僕はどうにかして後藤さんのお母さんに、僕の気持ちを伝えたい」と言うんです。

私はすぐに、後藤さんのお母さんの連絡先を必死で調べました。何とかわかり、息子の気持ちを手紙にして送りました。驚いたことに後日、後藤さんのお母さんから「息子さんと話したい」と電話がかかってきたんです。

息子の「僕が総理大臣だったら、命がなくなっても後藤さんを助けたい」という言葉に本当に救われたそうです。何度も何度も「ありがとう」とおっしゃっていました。

息子は自分がイジメられていたのにもかかわらず、「僕は人を傷つけるのは嫌いだ」と言える子なんです。私は、息子の後藤さんに対する思いを聞いて、十分社会性は身についていると確信しました。「ただ単に多くの人とコミュニケーションが取れることが重要なのではない」とも思いました。

息子はイジメと後藤健二さんのエピソードをテーマに作文を書き、人権作文コンテストでまさかの奨励賞を頂きました。

高校入学と同時に進学を視野に入れていた

高校は「みんなが進む県立の高校は嫌だ」と言って、他県の私立高校に通いました。入試は作文と面接で受験しました。「君のような生徒にぜひ来てほしい」と言われ、通学に1時間もかかるのですが、文句も愚痴も言わずに通い切りました。

知っている人が一人もいない、土地感もない高校でしたが、友達もできて「いちばん楽しかった」と言っています。

高校から先の進路に関しては、息子任せにはできないと思っていましたので、1年生のときから先生の話を聞いたり、パンフレットを取り寄せたり、オープンキャンパスに参加したりして、大体の方向性を見出していきました。

息子に合う入試方法はAO入試だと思いました。AOは面接重視です。息子は緊張すると言葉が出なくなってしまうので、面接内容を細部までシミュレーションして全部覚えさせました。記憶は得意なので、徹底的に覚えさせました。現在、息子が通っている福祉の専門学校は、県内の作業療法士の国家資格合格率100%を誇る学校です。

子どもが必ず成長すると信じて前に進みたい

以前、鈴木先生から『ロレンツォのオイル』という映画について教えていただき、それを観てから考えがかなり変わりました。親はわが子のためにこんなにまでできるものなのか、両親の子どもを思う強い意思に感動しました。可能性がないわけではないなら、私もそうしたいと思うようになりました。

それで今日まで息子のことだけを考え、脇目も振らずに歩んできました。落ち込んでモチベーションが下がることもあると言えばあります。でも、そんなことを感じる暇もないほど、息子に向き合ってきたように思います。

今やることに取り組んで、確実にできるようにする。どんなに小さなステップでもたゆまず上り続ける。私には、「この子を産んだ責任があるから、どこまでもいっしょに歩んでいかなければ……」という強い思いがあります。

私は息子よりも先に命が尽きますから、息子にはどうしても手に職を付けさせたいと思いました。いろいろ調べましたら、理学療法士よりも作業療法士のほうが就職率がいいし、定年後も働ける確率が高いことがわかりました。だから、作業療法士を目指している息子は一人になっても大丈夫だと少しほっとしています。

本人が目指しているのは「発達障害児のための作業療法士」です。息子は本当にやさしいし、ばかみたいに素直です。人のことは絶対悪く言いません。私はついつい言ってしまいますが、「お母さん‼」って言われちゃうんです。

これまでは、「この子は将来、どうやって生きていくのか」、「本当にこれで大丈夫なのか」と考えると、不安で仕方なくなることがよくありました。だからこそ、発達障害のお子さんを抱えているお母さんたちの気持ちがよくわかります。

でも、けっして気落ちしないでください。勇気を持ってください。子どもが必ず成長すると信じて前に進んでいれば、道はきっと開けてくると思います。

☆子どもの可能性を信じ切って数千枚のカードも手作りした

小高友美

年長の3学期、息子の様子に異変が

息子は、1歳半健診時も3歳の健診時も、保健所からは何も言われませんでした。心配になって「少し言葉が遅いのではないか」と聞いたところ、保健師さんからは「言葉も指示もしっかり理解しているので大丈夫でしょう」と言われました。

3歳で幼稚園に入園しましたが、先生にも可愛がられて通園できていました。年中になっても担任の先生は同じで、息子もごく普通に過ごしていました。ところが、年末になって急にその先生が退職されてしまったのです。

若い先生でしたが、とても一生懸命で息子も大好きな先生でした。先生が辞められてすぐに冬休みとなり、3学期がはじまって1週間ほどすると幼稚園から連絡が入り、「お子さんのせいで、クラスの運営ができません」と言われました。「ぜひ状況を見てください」と言うので、すぐに園に行くことにしました。

家ではいつもと変わらない様子でしたので、半信半疑でカーテン越しにそっと様子を見てみると、息子が床に寝転んで騒いでいます。先生が立たせようとすると、その途端に、まるでパニックを起こしたかのように大声で叫び出したのです。毎日こんな状況と言われて、ほんとうにびっくりしました。

幼稚園に行くのは嫌がらないし、お友達とも遊べていたので、正直、ほんとうに驚きました。息子のこの姿を見て、「すぐに幼稚園をやめさせよう」と思いました。もうすぐ年長になる年でしたから迷いがなかったわけではありませんが、「家で私が見たほうがずっといい」と感じたので、潔く退園させました。

その後、近くの保育園を探すため市役所に問い合わせをしました。たまたま近くに保育園があり、そちらに通うことになりました。保育園ではだいぶ落ち着いて過ごすようになりましたが、先生が付きっきりという状態が続きました。

一人ひとりに合わせた教育法があれば……

就学時になって面談を受けましたが、うちの子の様子を見て普通級よりも支援級に進むことをすすめられました。しかし私としては、どうしても普通級に入ってほしかったので、「普通級に入れたい」と一貫してお願いしました。

決して支援級で過ごすことが悪いということではありませんが、高校受験や就労といった将来を見据えると、どうしても選択肢の幅が狭くなります。それで、「息子には自分で自分の可能性に枠をはめてほしくなかった」のだと思います。

いろいろな考え方があることも十分理解しています。周りの方に助けてもらいながら、「その子らしく存在できる範囲で生きていくことができればいい」と考えるお母様方もたくさんいらっしゃるでしょう。しかし私は、どうしてもそのようには考えられなかったのです。

息子には「人として自分の責任で生きていけるような人に育ってほしい」と思っていました。「ずっと誰かに助けを求めて生きていくのではなくて、自分の人生を選べるようになってほしい」と考えていたのです。

それと、息子は友達を求める子なので、同じ年代のたくさんの友人と関わり、刺激を受けて自分の器を大きくしていってもらいたいと思っていました。

私は、20代から保育士として子どもたちに関わってきました。そのなかで、発達障害や心身に障害のある何人もの子どもたちと接し、卒園させました。そのころ一貫して思っていたのは、「この子たちにはもっと良い接し方や指導法があるのではないか」ということです。

子どもたちが見せる可能性を感じる瞬間がいっぱいあるのに、一保育士の私の力ではどうすることもできませんでした。それでも、できることをできる範囲でできればいいというのではなく、「一人ひとりに合わせた教育法があれば、その子の特性を伸ばした教育ができるのではないか」と、ずっと考えてきたのです。

まさにこれだとスイッチが入った

小学校は普通級に入学できました。本人は嫌がることもなく登校していましたし、特定のお友達と仲良くすることもできていたので、気にはなりながらも私自身、本当に切羽詰まった感じではなかったです。

ところが、5年生になってから、「息子だけがクラスのみんなと同じ授業を受けず、3年生のプリントをひたすら行なっている」という連絡を学校からもらいました。これには驚きました。「もう少し早く連絡をしてくれればいいのに。私がもっと早く気づいていれば」と後悔もしました。

そのころに、職場の新聞で鈴木先生の書籍のことを知りました。それほど大きく掲載されていたわけではありませんが、目が留まり、すぐに読んでみました。内容は私にとってカルチャーショックと言いますか、衝撃的でした。

保育士ではありますが、わが子のこととなると、いかに経験があっても実際には何をどうしたらいいのかわかりませんでした。ほんとうにこれでいいのか、今一つスッキリせず、「どうしたらいいか」と悩む日々だったのです。「何でもいいから私が納得できるものはないか」と探していました。

そんなときに鈴木先生の本に出会い、「発達障害は改善する」という先生のお話を伺ったのですが、これなら息子は成長できると納得でき、確信できたのです。まさに「これだ！」とスイッチが入った瞬間でした。

「発達障害は治らない」と何度も聞いてきましたが、長年のモヤモヤが晴れて視界が開けたようでした。ポジティブな意味で「親の責任」を強く感じた瞬間でもありました。

ある日、先生から「お子さんは基礎的な能力はついてきています。足りないのは我慢と自信です」と言われたことがあります。そこで、我慢と自信の意識を子どもに定着させるため、「○○はしません」から「○○できます」と肯定的な言葉を使うようにしました。ほめることも、とにかく意識して行ないました。

手作りのカードを相当作りました

息子は動物が大好きで、手作りカードの動物はすべて知っていましたから、英単語でフラッシュしました。算数の単位や四則計算、時計も手作りカードを使いました。中学生になってからは、英単語や化学記号を覚えるのにも手作りカードを使っています。

とにかく、教えたいことはカードにしました。今では置く場所に困るくらいです。1回に作る枚数が100枚くらいですから、全部合わせると1000枚や2000枚ではないですね。

そんなに、と思われるかもしれませんが、これもあれもと思うとすぐ100枚くらいになってしまうんです。でも、「作るのが大変だ」と思ったことはありません。わが子の成長を信じて楽しんで作っていました。

これはＥＥＳＡのスマートブレインコースの先生に言われたことですが、「今日はこれとこれの勉強をします。カードは何枚です」と決めたら、どんなに調子が良さそうと思っても、たとえ早く終わったとしても、絶対に追加をしないようにしました。親も約束は守るということです。

つい「もう少しできるのではないか」と思いやすいのですが、そうすると息子と私の信頼関係が壊れてしまいます。これは今でも気をつけていることです。ずっとやり続けることができたのは、これがポイントだと思っています。

息子は超高速楽習が大好きで、２倍速、３倍速でよく聞いていました。教科書は私が読んで録音をして、それを２倍速で聞かせました。カウンセラーさんからは「学校の授業が初めてでないようにしましょう」と言われていたので、カードは予習に重点を置き、先取り学習を心がけました。

緊張の中学校生活がスタート

いよいよ中学校生活ですが、入学式は緊張しながらも頑張りました。しかし、授業がはじまると担任の先生から、「集中するのが難しい」と言われました。中学も普通級に進学しましたが、市からは支援学級をすすめられていたので、「本当に普通級で良かったのか」と悩んだこともあります。

じつは中学1年生の3学期に別の学校に転校しました。最初の中学校はマンモス校だったのですが、しばらくするとストレスで学校になじめなくなり、行けない日が続きました。「このままではダメだ」と思い、思い切って転校しました。そこは少人数制でアットホームな学校でした。でも、そこでも「普通級では難しい」と言われ、2年生から支援級に移りました。

しかし、その支援級の担任の先生がとても協力的なので助かりました。お陰さまで中学生活を無事送ることができ、高校受験の時期が近づいてきました。

学校からは、特別支援の高校をすすめられましたが、療育手帳はもらいたくなかったので、「なんとか普通高校に行かそう」と決意しました。そうは言っても中学校での生活は必ずしも順風満帆ではありませんから、親としてはヤキモキしたり悩んだりする時間が長く続きました。

息子自身も苦しかったと思います。「どうせ僕はダメなんだ」と否定的になった時期もありました。そんなときは私のモチベーションも下がってしまい、とても辛かったです。

「あのまま何もしなかったら息子はどうなっていただろう」

転機が訪れたのは、中学3年生の3学期です。息子は人が変わったように頑張りました。とくに最後の1カ月は親の私から見ても凄かったです。

学校から帰ってくると、半袖のTシャツ一枚になるんです。そして机の前に座ると、そこから2時間ほど、一気に集中してやり終えます。息子が帰ってくるまでに、こちらも課題を過不足なく揃えておかなければならないので必死でした。

その姿を見ていて、親の私でも「偉いなぁ」と思いました。息子はやると決めたことはしっかりやり抜く特性を持っていて、すごい力を発揮します。同時にとても素直です。それが努力を惜しまないという特性につながっているのだと思います

「あのまま、何もしなかったら息子はどうなっていたんだろう」と思うことがあります。「あのとき、鈴木先生の本に出会わなければ、また、読んだとしても『どうせ……』と思って手をこまねいていたら、どうなっていたんだろう」と考えると怖いです。

私は息子の高校受験を機に仕事を辞めました。やはり、そこから本気度が上がったようです。「親の向き合い方で、これほど子どもが変わるのだな」と改めて思いました。

今は、「将来、どうしても酪農家になりたい。高校を卒業したら、農業系の専修学校を目指す」と言って、張り切っています。

私は学校を目指すのか、一日も早く酪農の現場に出るのか、どちらも有りだと思っています。

発達障害だった息子が改善に取り組みはじめたのは、小学校の高学年からです。「ちょっと遅かったかな」と思いますが、わが子の可能性を信じ切って、できることは何でもやってみました。そうすれば、必ず「やってよかった」と実感できる日が来ると思っています。

☆「できないこと探し」から「幸せ探し」へ

宮本咲子

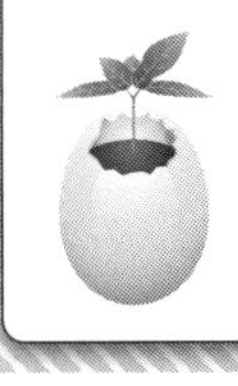

コーチ業のプロでも親業は学べていない

私はフィットネスのインストラクターとしてコーチ業を行なっていましたが、親になったとき、親というコーチ業は学んでいませんでした。子どもは勝手に育つもので、子育てにコーチングが必要だとは思っていませんでした。しかし、発達障害のある息子には必要でした。

息子の発達障害について、私が気づきはじめたのは1歳になる前くらいからです。「あれ？　あれ？」というところがたくさんありました。1歳7カ月で保育園に入れたのですが、そのころから先生に「息子さんは、お散歩に行かない」と言われました。1

歳7カ月で歩けてはいるのに、手をつないで歩けない、お散歩に行こうとすると嫌がってパニックになるというのです。

離乳食が終わると偏食も強くなる一方で、おかずや野菜はまったく食べず、ご飯ばかり食べていました。その後、パンやうどんを食べさせたのがキッカケで、カップラーメンしか食べなくなってしまいました。水分は牛乳しか飲みませんでした。

子どもへの指示が通らない

私は仕事が大好きで、「働くお母さんでいたい」と考えていましたから、子どものことで仕事を辞めるという選択肢はありませんでした。今思うと、ある意味、私は仕事に逃げていたのかもしれません。こんな息子を保育園に預けて仕事に行く私には、「仕事をしているから……」という言い訳が必要だったように思います。

子どもと二人だけで一日中向き合っていたら苦しくてどうにかなりそうなので、できるだけたくさんの仕事をしました。

私はコーチングの勉強をしてきたという自信はありましたが、目の前のわが子の状態は改善しないし、子どもへの指示は何も通らない。目も合わせてくれないし、目で追いかけてもくれません。

お客さんは、プロである私の指導を受けるため、お金を払って、時間を割いて、私を選んで来てくださいます。ところがわが子は、全然私の指導なんか受け入れる気がないんですね。私が仕事で対してきたクライアントにそういう人はいませんでした。

こんなにやる気のないクライアントは、私にとって初めての経験でした。「これはどうしたものか」というショック状態に陥ってしまったのです。

誰かに相談することはできなかった

鈴木先生は「親が変わって、それで導いていくのが大切」とおっしゃっていますが、やっぱり私のどこかに甘えがあったんです。

たとえば、自分だけではどうすることもできないなら、療育センターに行けば何とかなるんじゃないかとか、有名な先生に診てもらえば治してもらえるんじゃないかという期待のようなものもありました。しかし、そんな場所はどこにもありませんでした。

実際に療育には行ってみましたが、「今できることを少し良くする」という感じでした。たとえば明平はよくパニックになりましたが、療育に行っていても、それが治まることはありませんでした。あるいは、夜急に取り憑かれたように泣いたりするのが治まることもありませんでした。

それでも、誰かに相談することはしませんでした。健常な子対応のピントのずれた答えしか返ってこなかったし、相談することは親としての責任を放棄するような罪意識がすごくあったからです。

そもそも、自分の子どものことを誰かに相談しちゃっていいのかな、口に出してしまっていいのかなという気持ちもありました。当時、保育園には「この子、困るんです」「この子、なんかちょっと……」という雰囲気があって、相談というよりクレームの対応に明け暮れていました。

息子がちゃんと聞いていたことは衝撃的だった

息子は年中になるとますますパニックがひどくなり、ちょっとしたことで火が付いたように大声で泣き叫んでいました。

そんな状態だったころ鈴木先生のことを知り、親子面談を受けることにしました。手を震わせながら、面談予約の電話をかけたのを覚えています。

明平は鈴木先生の呼びかけに反応はしていましたけど、相変わらずワーッと叫びながら走りまわっていました。それでも、鈴木先生が超高速でカードを読み上げている様子を見て、ちょっと期待しすぎたかなと思いました。

ところが、家に帰ってから明平がその日見たカードの一つ、「やご」と発音したんです。鈴木先生の完璧な水戸弁訛りを息子がそのままリピートしたのです。「ちゃんと先生の話を聞いてたんだ！」と、本当にびっくりしました。

私はそのとき、息子を人として扱っていなかったということに気づかされました。どうせ言ってもわからないし、何を聞いても変な答えしか返ってこないし、この子は動物以下じゃないかと思っていたんです。

でも、先生の言葉をちゃんと聞いていたことは本当に衝撃的でした。

どんなコーチングよりも地道にやるしかなかった

イチローが「努力できることが才能だ」と言っています。それは運動や勉強の上達には当然のことですし、何事もコツコツ努力するしかないということは私も知っています。ところが、息子の場合はコツコツの度合いがあまりにも小さすぎるんです。たとえば、私がクライアントに腹筋の指導をするときは、やり方を見せて「腹筋10回」と言えば相手はやってくれます。ところが、とくに発達障害のあるわが子には、それがまったく通用しませんでした。

トイレ・トレーニングのときは、いっしょにトイレに行って何回か教えれば、普通はそれでオシッコやウンチができるようになっていくでしょうが、息子の場合は、そうはいきません。

鈴木先生のお話を聞いて、できるだけ細かく分解して教えてあげることが必要なのだと気づきました。トイレについていえば、「トイレのドアを開けます」からはじまって、「閉めます」、「ズボン下ろします」、「パンツ下ろします」、「便座上げます」、「一歩前に出ておチンチンを摑んでハイどうぞ」みたいに細かく分解して教えました。

この体験は、私のコーチ業の勉強としても役立ちました。たとえば、レッスンについて「今日は○○やります」とか「あと4回」と、お客さんに細かく分解して言ってさしあげると、やりやすいと喜ばれています。息子のお陰で仕事が上手くいっているところもあります。

保育園の対応は辛かった

保育園では、明平は床にゴロゴロと寝転んでは空を眺めていることが多かったそうです。「明平くん、ちょっと……」とよく言われましたが、「何がちょっとなのか？」はわからないまま、眉をひそめられることがすごく嫌でした。

卒園式の練習のとき、うちの息子がひな壇の上に立っていると、「邪魔なんだよ」と言われてぶったり蹴ったりされていました。練習を見学している親もいるのに、誰もそれを止めようともしないので、私は明平を抱いて泣きながら走って逃げ出しました。今でも、涙があふれる経験でした。

うつ症状の苦しみの中で知った私の想い

保育園の先生やほかの子の親たち、近所の人たち、スーパーの人たち、みんながきっと「この子はおかしいと思っているだろう」と思うと、人の目が気になって疎外感に襲われ、とうとう家の雨戸が開けられなくなってしまいました。

私はついにうつ状態になってしまったんです。「この子がこうなったのも、みんな私のせいなんだ」と罪悪感にさいなまれ、「私がいっしょにいないほうがいいのではないか……」と、子どもを施設に預けることまで考えたほどでした。

でも、妙に客観的な自分もいました。たった、3、4歳で「あれもできない、これもできない」と否定され続ける明平の苦しさを思うと、「この子にも生きていく価値があるはず、権利があるはず」と考える私もいました。

何とか子どもを変えたいと思いつめることもありましたが、この子を変えるよりも、私自身が変わりたいと望んでいたのだと思います。鈴木先生は、そんな私が本当に変わるきっかけを与えてくれました。明平の母親であることに自信を取り戻すことができました。

私の本気が子どもに伝わって

私が、明平としっかり向き合おうと「覚悟」すると、子どもとの時間をとても有効に使えるようになりました。たとえば、いっしょに料理をしたり、いろいろな工作をしてみたり、今必要なドリルをやってみたり……。

「今の息子にはこのドリル合わないな」とか「この書き方じゃ無理だから、まず線を書く練習をしてからカタカナの練習をしよう」と考えて学習の工夫もしてみました。そうしてわが子に対する私の本当のコーチングがはじまりました。その本気が子どもに伝わったんだと思います。

それまで息子は、話しかけても脈絡のない言葉を一方的にくり返すばかりでした。私も「この子とは普通の会話は一生無理かもしれない」と諦めていましたが、根気よく言語面を伸ばす取り組みをくり返すうちに、少しずつ会話ができるようになりました。

食事面については、浴びるほど飲んでいた牛乳を減らしました。また、良くないと思いながらも食べていたカップ麺もやめました。そうして、偏食をかなり改善していきました。

最近、私を見て「おかあさん」と手を振ってくれました。今までは私がいてもいなくても関係ない感じだったのですが、私を頼りにしてくれるようになったんです。

そうして息子に本気で向き合っていると、「そういえば私、こういうことしてなかったな」「結局はいろいろなことを言い訳にして、やっているつもりで全然やっていなかったんだな」と気づきました。

子どもが「やる」まで絶対に根負けしない

たとえば、今絶対水が飲みたいと思っているとわかっても、明平が自分からアクションを起こすまで待つようにしました。目でも訴えてくるんですけど、それではダメ。会話をすることが目標でしたから指をさすだけではダメ。その都度言い方を教えて、何か言うまで待ちました。

「お水が飲みたい」とは言えなくても、「喉がちょっとね」や、水筒やコップを持ってきて指をさして「これこれ」などと連想できることを言うと、水が飲めるようにしました。

勉強も「やる」「やらない」ではなく、時間がきたら道具を出して、やるだけ。明平がやるまで私は負けません。「あ〜いいよ、今日は具合悪そうだから、疲れてるから仕方ないね」とかもナシです。そうしていると、子どもは、お母さんはやるといったらやる人だとわかってくるので、ちゃんとやってくれるようになっていきます。

鈴木先生に出会う前は、子どもを叩いてなんとかできるようにさせようとしたこともありました。でも、「ごめんね。ママもわからなかった。これからは命がけで育てるよ」と覚悟を決めました。子どもも今は「お母さんはね、僕を命がけで育てているんだよ」と明るく言ってくれています。

「できないこと探し」から「幸せ探し」へ

母親の本気と覚悟が決まると、子どもの改善が一気に加速することを学びました。他のお母さんを見ていても、「あぁ、お母さんの覚悟が決まると、子どもの改善は早いな」と思います。

鈴木先生は「発達障害は改善する」とおっしゃっていますが、親子関係・家族関係も改善すると実感しました。できることが増えるという改善結果だけでなく、親子や家族の信頼関係が深まり「できないこと探し」がどんどん「幸せ探し」に変わっていきました。そのようにわが子と向き合うことができるようになったこと、心から感謝しております。

☆「子育ては親育て・私育て」

本間陽子

超低出生体重で生まれ1歳までに6回の手術

私の娘は23週で生まれた超低出生体重児です。約7カ月、NICU（新生児集中治療管理室）で集中治療をし、その後小児病棟に移ってから退院しました。その間、腹部や目などの手術をくり返し、1歳になるまでに全身麻酔を使った大きな手術は6回に及びました。

そのほかにも胸腔ドレーンや局所麻酔での手術もたくさんしました。そのたびに体中縫い跡だらけになりながらも奇跡的に一命を取りとめ、現在5歳になります。

重度の知的障がいと身体障がいの手帳を持ち、自閉症もあります。口内の過敏さからだと思いますが固形の食事を摂ることもできません。普段は野菜や肉・魚などをブレンダーにかけておかゆに混ぜたものや、栄養補完のために処方されたミルク式のドリンクを主食としています。最近はインターネットで見つけた、見た目はまるで固形に見える「やわらか食」を取り入れはじめました。

聴覚が過敏で、ちょっとしたことでもいつも耳を塞いで唸り出します。とても怖がりで家に人が来るのを極端に嫌がり、チャイムが鳴るだけでパニックになり、泣きながら机の下に潜ります。

そんな娘を日々観察していて思うのは、耳を塞ぐから単純に音が嫌だというだけではなく、お腹が痛いとか怖いとか、シャットダウンしたい感覚が沸いたとき、常に耳を塞いでいるようです。おそらく、耳を塞げば音が消えるように、怖さや痛みも耳を塞ぐことで和らげようとしているのかもしれません。

発達に関して退院当初は、まぁ人より遅れていてもこの子もじきに歩いたり話したりできるようになるだろうと楽観視していたのですが、脳室周囲白質軟化症という脳性麻痺もある娘は2歳半になっても一向に歩くことができませんでした。気軽に考えていた私も娘が2歳になったあたりからは、やはり家庭でも日々のなかで、外から手助けとなる刺激を積極的に強化してあげたほうが良いのではないかと考えるようになりました。

ドーマン法との出会いでついに歩けるように

そのころ、ちょうど知り合った方の薦めでドーマン博士の本に出会いました。これはとても良い転機となりました。方法を学び、必要な道具を揃え、2歳7カ月ごろから「パターニング」と呼ばれるトレーニングを開始しました。

それから2カ月ほど経ったころ、娘はついにその一歩を踏み出しました。どこにも掴まらずに自分の力だけで一歩進んだのです！　3歳になるころには5歩ほど歩けるようになりました。今では、多少ぐらつきはあるものの、平面なら長い距離を自由に歩き回っています。

「パターニング」のトレーニングは大人三人がかりで体を押さえて動かすものなので、恐怖や威圧感を与えてしまうと警戒して二度とさせてくれなくなります。ですから、初回から細心の注意を払いました。主人やおじいちゃん、おばあちゃんにもその旨を前もって伝え、みんな笑顔で童謡を歌ってリズムに合わせます。これはトレーニングではなく楽しい遊びだよという雰囲気を作って工夫してやりました。

遠方に住んでいる方のおじいちゃん、おばあちゃんも、日々のトレーニングには参加できませんが気持ちはいつもいっしょだよと、分厚い本を読んで理論の勉強をしてくれました。パターニングはある程度歩けるようになるまで、できる範囲の回数で一年ほど続けました。

超高速カードで物と文字の関連性に気づく

パターニングをはじめる1カ月ほど前に、本に書いてあった文字の超高速カードをはじめていました。目の悪い娘にも見えるように大きな厚紙にいろんな単語を赤い文字で大きく書きました。数カ月ほどはとくに興味を見せる様子もなく「このまま続けることに意味はあるのか」と挫けそうになったこともあります。それでも、毎日カード用の厚紙を必要な大きさに切って届けてくれるおじいちゃんとおばあちゃんの応援もあり、あきらめてしまう前に少しやり方を変えてみようと思い直して続けました。

娘の場合は、物の名前もまだほとんど知らない時期にいきなり文字を教えるよりも、まずは身の周りの物の名前をフラッシュで入れ込んだほうがわかりやすいかもしれないと考え、しばらくはいったん文字のカードを休み、絵カードに取り組みました。

そんなある日、壁に貼ってあった大好きなキャラクターの切り取り写真とその横に名前の文字を書いたカードを見て、「もしかすると、この記号みたいなのはこのキャラクターを表わしているのかな？」と気づいた瞬間がありました。

それまでも、このカードは文字が対象物を表わしているということに気づいてくれたらいいなと思い、あえて一番好きなキャラクターを選び、注意をひくように壁に貼っておきました。それでもこのときまでは写真の方にばかり興味を示し、その横に書いてある名前の文字はとくに見ようとしませんでした。

その日は、いつものように娘がキャラクターの写真を指さすので、私がキャラクターの名前を言いました。すると、文字の方を指さすので、私はもう一度同じようにキャラクターの名前を言いました。娘は面白がって何回でもそれをくり返しました。

そこからはもう早かったです。まるで脳の回路がガシャンと繋がったように、途端に文字に強い興味を示しはじめました。その時期に再度、以前作った大量の文字カードを出してきてフラッシュすると、今度は興味を持ってじっと見るようになりました。

三歳のうちに、鼻と書いたカードを見せると鼻をトントンしたり、話せなくてもジェスチャーで解っていることを伝えてくれるようになりました。現在は、ひらがな、カタカナ、アルファベット、数字が声に出して読めるようになっています。「しりとり」の概念も理解しています。幼児用の絵本ならある程度読めます。

弱視ですが、成長とともに視力も少しずつ伸びてきて、鈴木先生が主宰しているエジソン・アインシュタインスクール協会（ＥＥＳ協会）のフラッシュカードのサイズでも近づけば見ることができます。今は「会話・動詞」や「時計」のカードに取り組んでいます。

最近ではテレビの画面に近づき、歌のタイトルや歌詞テロップを読もうとしたりもします。文字が読めるということは娘の最大の武器となりました。

鈴木先生との出会い

鈴木先生との出会いは、娘が3歳のお誕生日を迎えてすぐのころです。すでに右脳の刺激は日々行なっていましたが、他にも何かできることがあるのではないかと考えていました。施設での発達検査や病院での検査ではなく、親が日々自分で子どもの成長をチェックできる一覧表のようなものがあったらいいな、何歳で何をどうできていればいいのか、発達の基準を知りたいなと思っていました。

そんな矢先に書店で鈴木先生の本を見つけました。少しめくってみるとＥＥＳＡ発達検査表についての紹介があったので「これはじっくり読んでみよう」と思いました。その後、もっと知りたいと思い、図書館で鈴木先生のほかの本も２冊借りてきて読みました。

鈴木先生の考え方に共感

私が本を読んでいちばん共感できたのは、発達障がいのある子どもは〝才能に溢れる宝だ〟という先生の考え方です。日ごろ自分が信じていた気持ちを後押ししてもらったようで、うれしく感じたのを覚えています。それから、親自身が毎日自分でチェックできる検査表や電話カウンセリングなど、「このメソッドをやってみたい」と家族に相談したところ、おじいちゃん、おばあちゃん、主人、娘、みんなで親子面談に行くことになりました。２月には４カ月の集中プログラムを開始しました。

娘の潜在意識に語りかけた結果、驚きと感激の連続

4カ月間の集中プログラムを開始する前に、鈴木先生から面談時に教わった「寝てから5分くらい、眼球が動いているうちに左耳にそっと囁く」潜在意識への語りかけを次の日からすぐに実践してみました。

「お正月くらいには話せるようになるよ」と語りかけを続けたところ、12月29日の朝、娘が「みー！」と言いながら起きてきたのです。ミルクが欲しいという状態を「みー」と初めて言葉で伝えてきたのです。

それまではバブバブピピー！　ぐー！　などの喃語でしたが、初めて自分の想いや欲求を口にしたのです。これには本当に驚き、そして感激しました。ミルクが欲しいの？　とミルクを差し出すと、初めて自分の言葉が通じた！　と満面の笑顔でした。

現在は5歳になり、「ミルク飲むの」としっかり伝えてきます。

マインドコントロールというと悪いイメージに聞こえますが、マインドを良い方向へコントロールしてやることがいかに人間の力を呼び覚ますのか、それを実際に体感することができました。

同時に、周りにいる大人たちの状態がいかに子どもに影響しているのか、親が日々かける言葉がいかに子どもの人格を形成していくのかも身をもってわかった気がします。

おかげさまで、娘は今年4月から介助の先生を付けていただきながら週に3日、幼稚園の年中クラスに入園することができました。

いろんな子が過ごしやすい社会に

以前より感じていたことですが、それは、「みんな障がいがある人たちのことをあまりよく知らないいんだろうな」ということです。電車や街中で見かけても、どう助けて良いのかわからない、どう接して良いのかわからない。それは、きっと相手をよく知らないからだと感じます。

目の前の相手を知らないまま大人になった人たちがつくっている今の社会よりも、柔軟な幼児期にいろんな人が共に過ごす環境で育った子どもたちが、その視点で将来つくる社会のほうが、きっとみんなが過ごしやすい社会だろうと思います。

世の中には本当にいろんな人がいます。親と暮らしていない子、スカートを履いて登校したい男の子、肌の色が違う子、家庭が貧困な子、身体が不自由な子や目が見えない子、感覚過敏な子や話せない子。いろんな子がいて、それぞれさまざまな事情のなかで生きています。それが社会なのです。

そんな社会でも、みんなが過ごしやすい社会になったらいいなと思います。

私の教育方針

生きていれば人間年を取り、いつかは耳が聞こえにくくなり、体も若いころのように自由に動かなくなり、目も見えにくくなり、固いものが食べにくくなり、人の力を必要とするときが来ます。そのときになって初めて、バリアフリーの重要性や社会から足手まといに思われてしまう側の気持ち、みんなと同じようにできない人が参加しづらい社会であることの不自由さに気づいても遅いのではないか。

そう感じた私は、この大事な幼児期はあえて娘を支援型ではなく一般の幼稚園に通わせることに決めました。心の柔らかいうちに、こういう子どもがいることを見てもらいたい。そのチャンスを社会に提供したい。娘もたくさんの刺激を貰えるはずだと、何度も悩んだ末に決めました。

園の理解に感謝

今の園は、「みんなに助けてもらいながらも、一方的な受け身だけではなく、娘からも皆さんのお役に立てることがきっとある、介助される側からも与えられるものがきっとある」という私の話をちゃんと聞いてくださいました。そして、快く受け入れてくださいました。

介助していただいている先生は、娘の日々の様子を事細かに報告してくださいます。障がいのある子に言ってもわからない、できないから仕方がない、ではなく、しっかりと向き合い、指導や補助そして愛を持って叱ってくれています。

大事な演奏会のときに大声で泣き喚いてしまい、皆さんのビデオ撮影の際に大きな泣き声が入ってしまったのに、後で保護者のグループラインで

「緊張して泣いていたけど、みんな同じクラス、いっしょにみんなで参加して思い出をつくれて良かった」

「本当によく頑張ったね」

「来年もいっしょにやろうね」

といったメッセージを送っていただきました。読んでいて涙が出ました。子どもたちも、いつも娘が教室に入れないで唸っていると、声をかけにきてくれたり、誘ってくれたりしているようです。ときには部屋に入れないならそばにいてあげると、娘といっしょに廊下にいてくれる子もいるそうです。

共に考え、心を育むのが本来の学びの場ではないか

目が見えない子がいるのなら、じゃあどうすればみんなでいっしょに目の前の情景を共有できるのか、聞こえない子もいっしょに楽しくお話をするにはどんな工夫をすればいいのか、歩けない子の車いすはどうやって操作介助したらいいのか、どうすればみんないっしょに学び、共に過ごせるのか、気持ちを分かち合えるのか。

障がいやマイノリティの人に限らず、悲しんでいる人、悩んでいる人、困っている人がいるのなら、どうすればみんなで協力し合い、共に心から笑えるようになるのか。

そうしたことを「共に考え、心を育むのが、園や学校という小さな社会、本来の学びの場ではないのかな」と感じています。ただ大学に進むことだけを目標とした学びよりも、心を育てる学びをしたほうが勉強の喜びや働く喜びにも気づくことができ、そ

んなふうに育った子どもたちはきっと世の中の素晴らしい力になるだろうと思います。「いつかみんなが互いを受け入れ認め合う、それが当り前、そんな素敵な世界になってほしいなぁ」と願っています。

みんな同じにしようとしたり、みんなとは違う人を批判や排除したりして無理にひとつにまとめようとすることが調和なのではなく、違いを認め合い、みんなバラバラだからこそひとつになれる調和もあるのだと感じます。

私が娘に伝えたいこと

私はいつも、幼稚園バスが来る前に15分ほど早めに到着し、そこで娘の潜在意識に刷り込む作業をしています。

泣いてもいい、怖がったっていい。笑いたいときは素直に笑って、嫌なことがあれば悔しがったり怒ったりしてもいい。好きに感じておいで。

初めから何も恐れなかった人は、目の前で震える人の気持ちがわからない。初めからできた人は、できない人の心が理解できない。

一見ネガティブに見えるような感情でさえも、必ずあなたの糧となる。みんなには簡単にできることが自分だけできないと恥ずかしがったりする必要はない。全部感じて受け入れて、あなたは立派な大人になる。

そうして自分のことが大好きで居られたら、特別優しい大人になる、強い女性になる。人と違うこと、それすらも楽しめるくらいの境地にあなたなら到達できる。感じた経験はすべて財産、宝物になる。

人にはそれぞれ世界中でたったひとつしかない自分だけの視点があって、その視点でちゃんと見つめたものをみんなで集めて共有したら凄いことが起こるよ。今日も宝箱いっぱいにしておいで。

こんな話を子ども向けの言葉ではなく、本当のこんな言葉で話しかけています。あれだけパニックになったり、怖がりで唸ったり、泣いてばかりだった娘が、バスを待つ間、暴れたりもせずにじっと聞いています。

娘に言い聞かせている言葉は自分に言い聞かせている言葉

娘は、幼稚園での行事など、イレギュラーなことがあってパニックになるとき以外、唸ることはあってもほとんど泣くことはないと聞いています。帰りはバスからやり切ったような誇らしげな顔で先生に抱かれて降りてきます。

私が娘に伝えている言葉は、じつは私自身に言い聞かせている言葉でもあります。イジメられたりしていないか、みんなと同じようにできず泣いていないか、あんなに怖がりの子が親と離れてバスに乗って行けるのか、心配するとキリがありません。一度心配モードに入ってしまうと、まだ起きてもいないのに悪い妄想がどんどん膨らんでしまいます。

「こんなふうに心配しすぎることで娘の成長の足を引っ張ることはやめよう、過剰に心配するということは、相手の中にある本当の強さを信じていないということだ。娘を信じて、乗り越えよう！」

娘を見ていて感じる不安は、私の中の不安との闘いでもあります。そのため、娘に言い聞かせながらも、同時に自分の潜在意識にも擦り込んでいるのです。「いつかは、わざわざ考えなくても、乗り越えようといちいち思わなくても、ごく自然に自信を持って信じて笑っていられるくらいになれるといいな」と思っています。

子どもの改善は親次第

私はこれまで、娘をなんとかしてやりたいと、たくさんの本を読み、いろんなメソッドを調べ、障がいのことについての勉強もたくさんしてきました。でも、「何よりもまず心がいちばん大事なのだ」と娘が教えてくれました。

たとえどれだけ勉強してどんな取り組みをしたとしても、まず親の中にしっかりとした土台や向き合う心がないと、なかなかうまくはいきません。

娘は、決してなんとかせねばならない困った存在ではないのです。愛に溢れて生まれてきた素晴らしい存在です。生まれてきただけでもうすでに無限の可能性を秘め、鈴木先生のおっしゃるように貴重な才能を持った宝なのだと思います。

親の心にそういった土台があってはじめて、子どもは「自分が親から受け入れられている」「人と違っていてもそんな自分も肯定して好きになれる」のだと思います。それがあってはじめて、いろんな取り組みは活きてくるのではないかと感じています。

鈴木先生は、まず親が変わる、まず親が笑顔になることが第一であると提唱されています。それは本当に必要なことだと感じます。子どもはとても賢く、親の心をよく観ていて、親が信じれば子どもは強くなるのだと本当に思います。

娘の障がいは私に与えられた大きなチャンス

たくさんの障がいが重複する娘を育てていると、日常の中でいろんな経験をします。「この子、歩き方や動きが変だね」とよその子どもに言われたり、せっかく「おはよう」と声をかけてくれた相手に唸ったり、スーパーで床に寝転んで天井の照明を見ながら笑いだしたり、初めて行くお店に入ろうとすると泣きわめいて自由に買い物にも行けず、そんな様子を人からジロジロ見られたり……そんなことがたびたびです。

「どうしてこんな所で今急にパニックになっちゃうの、勘弁してよ、もう……」と思いたくなることも、落ち込んだり悩んだり涙したりすることもたくさんあります。

でも、投げ出したい気持ちもありながら、そこから目を背けずに、それでももう一度！　もう一度！　と踏ん張って娘と向き合おうとする心の葛藤。そこから生まれたものは、いつもとてもクリエイティブで純粋で、向き合えたからこそわかったんだ、気づけたんだという達成感や、自分も娘と共に成長しているということを感じさせてくれます。

落ちては這い上がるのくり返しです。そしてそれが私の人間としての大きな財産となって蓄積されてゆきます。この娘との日々がなければ、私はこんな素敵な心の財産を得ることはできなかった。

そう思うと、娘が障がいを持っていたことは、私にとっては一つのチャンスだったのだろうと感じます。そう思って、これからも娘の成長を応援していきたいと思っています。

☆固定概念から解放された瞬間、息子に驚きの改善が

清水まど香

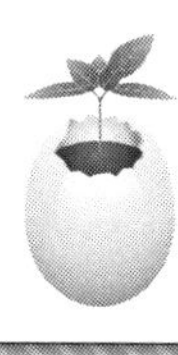

私の肩の力が抜けたことが大きく伸びることにつながった！

少し前までの私を振り返ると、「力んでいたなぁ」って感じます。息子の将来を考えて落ち込んだり、「何とかしなくっちゃ！」と力が入ったりしていました。今でも落ち込むことはありますが、光輝の現実をまっすぐ受け止めることができるようになったと思います。

あるときから、日常の中で「どうしたらいいだろう」と考えることを楽しめている自分がいることに気がつきました。「肩の力が抜けている。私は変わった」と感じました。この変化が、光輝が大きく伸びることにつながったんじゃないかと思っています。

食事の改善

以前は、子育てや家事すべてに疲れ果てていて、冷凍食品やパン、うどんやパスタなど気軽にできる食事が多かったです。しかも私たち夫婦がお互い疲れ果てているため、些細なケンカも絶えず、食卓が楽しいなんてあまりなかったんです。

鈴木先生と初めて親子面談でお会いしたとき、主人に先生が言ったんです。「旦那さんは奥さんを笑顔にすることが、家庭のなかでのいちばん重要な仕事ですよ。いちばん難しいことかもしれないけどね（笑）」って。帰宅する車の中で「2人でこれから光輝のためにも仲良くする努力をしよう」と話をしました。

鈴木先生が「奥さんを笑顔に」と言ってくださっただけで、私は嬉しくなって一気にやる気が湧いてきました。

その日の晩御飯、手始めに焼き魚を作って、美味しい美味しいって私たちがパクパク食べていたら、光輝も1口食べてくれました。そこから止まらくなって食べたんです（笑）。今まで魚は好きじゃなかったのに！

それがきっかけとなり、朝食は魚に納豆や豆腐、簡単サラダ、果物などを出すようになりました。パンから魚になっても、不思議とパクパク食べてくれて。きっと光輝も、パパとママがいつもより楽しそうにしていたから安心したのかもしれません。ほどなくして、幼稚園へ通うようになり、昼食はお弁当持参です。「これは、改善のチャンス」と捉え、和食中心ですべて手作りのものにしました。担任の先生からも、お弁当をとてもほめられたのは嬉しかったです。それからは、毎日作ることを楽しめるように変われました。

おやつは、果物にオリゴ糖をかけています。たまに家族それぞれ好きなお菓子を買って、「お菓子パーティー」なるものを開催するときもあります。「夕食は基本、何でもＯＫ」にして、とにかく頑張りすぎないようにしています。私の性格上、一気にストイックに頑張りすぎて疲れてしまうところがあるので、「次またやれば良い」ぐらいの気持ちでやるようにしています。

療育センターでの体験

光輝は中度の知的障害と言われていて、３歳から４歳の９月まで療育センターに通っていました。療育の４歳児クラスは12名でしたが、何人か、奇声を上げたり、激しく泣いたり、動き回ったりする子がいました。なかには手が出る子もいて……。光輝は、その子たちの行動が気になって萎縮してしまうようなところがあり、療育センターに通うのを嫌がっていました。それでも私は、光輝が中度の発達障害であるという療育センターの教諭の話や、言語療法士（国家資格）の方の話を信じていました。ですから「頼れるのはここしかない」と思っていましたし、何も疑っていませんでした。

そのころに鈴木先生の本に出会い、親子面談を受けました。「家庭が一番の学校です。家庭は奇跡の教育ができる場所です！」という先生のお話を伺って、家庭でもカードをフラッシュしてみました。すると、あれよという間に光輝の言葉数が増えていったんです。

療育センターで言語聴覚士の先生が作ってくれる課題もあっという間にクリアしてしまいました。私もびっくりしましたが、療法士の先生はもっとびっくりしていました。それでも私の頭は古い常識に捕われていましたから、「イヤイヤ、それでもこの子には療育しかないし、言語療法を地道に受けていくことがプラスになる」という考えにしがみついていました。

でも実際の光輝は数字を1から１００まで数えられるようになり、１００から1まで逆にも数えられるようになりました。しかも、ランダムでも数字が言えるようになっていたのです。

そのことを言語聴覚士の先生に伝えると、その先生は私にこう言ったのです。

「でも、お母さん。光輝くんの課題範囲は1から10です！」

この言葉を聞いて、「あ、ダメだ‼」と思いました。ここにいては「光輝は1から10までの器で終わってしまう！　もっと可能性を伸ばしてあげたい！」そう思ったのです。

それからは療育センターから普通の幼稚園に通う準備をはじめたのですが、公立の幼稚園だったので、一人でトイレができることが入園の条件でした。「とにかくトイレ・トレーニング」をしようと思いました。すると、どんどんトイレがうまくできるようになり、10月には幼稚園に通えるようになりました。

不安に押しつぶされそうな日々

これまで、ものすごく落ち込むことはありましたし、たくさん泣いてきました。2

います。

歳半健診のときに、他の親子は健診が終わるとみんな帰っていくのに、私と光輝だけ残され、心理士さんや保健師さんから話を聞かれました。「これからどうなるんだろう?」と不安を抱えて家にたどり着いた瞬間、玄関に倒れ込んで号泣したのを覚えています。

将来のことを考えては、このままずっとこの子のオムツを替え続けるのだろうか、年老いた自分がこの子の身の回りの世話をしていかなければならないのだろうか。そう思うと、不安は募るばかり。そのころは、「発達障害が改善する」なんて考えられず、とにかく不安に押しつぶされそうな日々を送っていました。

ですから鈴木先生の本に出会って、「発達障害は改善する。発達障害は発達特性。発達障害は天才性を秘めている」という内容に触れたときは、本当に驚きました。親子面談のときに鈴木先生が「たぶん妊娠中にお腹の中で苦しいことがあったんだろうね」「でも、よかったね。光輝くんは天才になるよ!」とおっしゃってくださいました。「うっそぉ!」「えっ、私、天才産んじゃったんですか??」って驚かされて(笑)。

それまで発達障害の子どもを産んでしまったという自責の念に苦しんできた私は、この言葉に心から救われました。

私って単純なんです。「右」って言われたら、「あ、右ですね」って思ってしまうタイプなのですが、落ち込んだらEES協会のカウンセラーさんにすぐ電話して助けを求めています。とはいっても最近は、「そうそう落ち込んでいられない」っていう感じに変わりました。

私自身が自信をもてるように

キッカケは、この冬休みに私自身が吹っ切れたことです。心境としては「なんとでもなれ、どうにでもなれ！」という感じです。これは時期的なこともあると思うのですが、光輝が4月から年長さんで、来年は小学校に入学です。「入学までの1年間、不安を抱えて落ち込んで過ごすのか、精一杯できることをたくさんやって一年後を楽しみにするのか」と考えているうちに、スイッチが入ったんです。

意外にもそのスイッチは、「こうしなきゃいけない」とか「何が何でもこうじゃなきゃいけない」と考えがちな自分をいったん解放してあげようと切り替えてくれました。光輝にはめられていた枠を外すだけでなく、「私自身が勝手に思い込んでいた枠からも自分を解放してあげよう」と思わせてくれたのです。

そのときに私の中にあったのは「光輝が幸せになるなら、それでいいじゃない」という感覚でした。

そんな吹っ切れた思いでEES協会の発達検査表に取り組んでいたら、△や○が驚くほど増えてきて、自分でもびっくりしました。毎日の生活の中で、光輝の成長を実感できるようになり、私自身がすごく自信を持てるようになりました。

発達障害は家庭で改善できると確信

とはいっても鈴木先生がおっしゃるように、「本当に家庭で発達障害が改善できるのか」、最初は半信半疑でした。でも、実際に家庭で実践してみると、息子が変化していくのがわかるんです。

たとえば、「たくさんのカードを作り、光輝が楽しくできるようにと考えてやってきたことは間違っていない」と確信しています。手探りで迷っているときも、鈴木先生が「大丈夫」と言ってくれる安心感がありますし、カウンセリングで相談もできます。「このままやっていれば間違いないぞ!」と思うことができています。

わが家で取り組んだこと

わが家の取り組みのモットーは「お金をかけない」ことです。カードは百均で購入し、ひらがな、カタカナ、数字、アルファベット、何月何日何曜日といったカードを作りました。

今は文字が読めるようになったので、ホワイトボードを使っています。ホワイトボードにひらがなで光輝にヒットしそうなことを書きます。住所をひらがなで書いて、それを読んだのも大ヒットでした。

ヒットしたものはすぐに紙に書いて壁に貼っておき、何度も読んだり、なぞったりしていると覚えることができました。誕生日もこの方法で覚えました。

1日のルーティンもホワイトボードに書いています。朝起きてから、その日やることを書いておきます。こんな感じです。

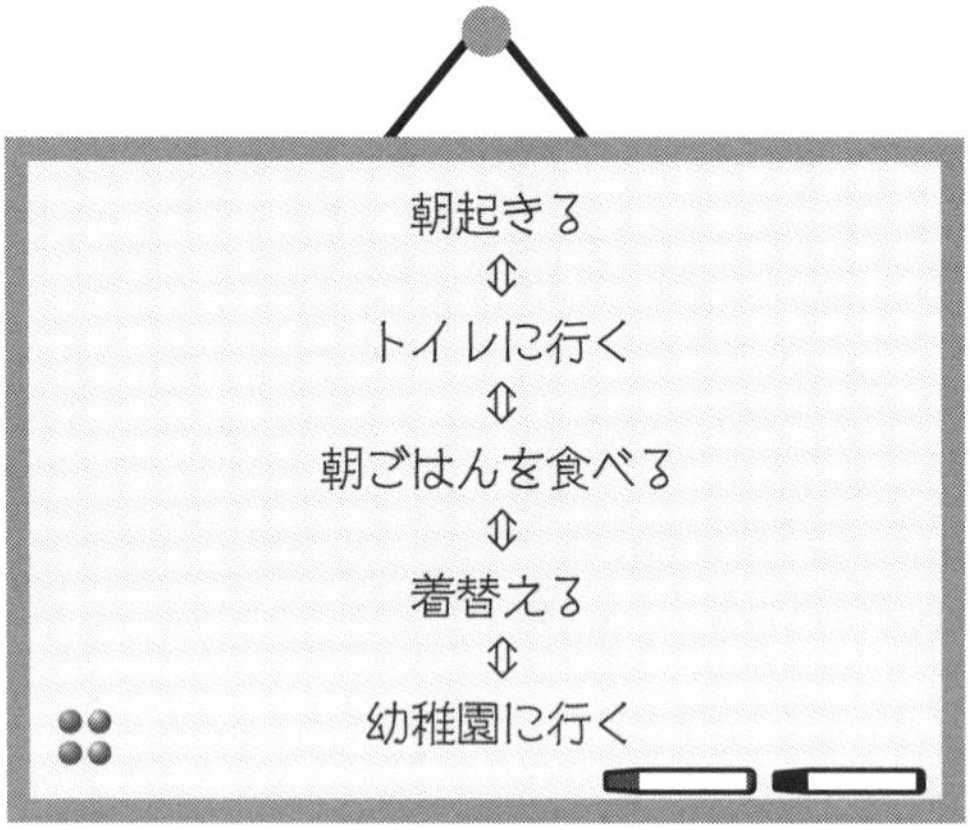

朝起きる
⇕
トイレに行く
⇕
朝ごはんを食べる
⇕
着替える
⇕
幼稚園に行く

紙にも書いて壁に貼っておき、補足的にカードも使いますが、朝のルーティンは主にホワイトボードに書き出すようにしています。こうしてから2語文が出るようになりました。

このことで気がついたのは、私たちが光輝に話しかけたり聞いたりするときに、「お水」とか「トイレ」といった単語を使っていたということです。他にも、夫婦の会話が感覚的なおしゃべりになっていると気づいたんです。

親がこういった話し方をしていたことで、光輝には正しく伝わっていなかったのではないかと思いました。ですから、正確に「お水を飲む」「トイレに行く」と言うようにしました。

今は「机に置いて」ではなく「机の上に置いて」、「カバンに入れて」ではなく「カバンの中に入れて」というように表現することを心がけています。

EES協会の発達検査表については、今はウェブ版を活用しています。リアルタイムで成長の様子がグラフ化されるので一目でわかりますし、モチベーションも上がります。

お友達の存在と進学

市の保健センターでは、支援学校への進学をすすめられました。ひとまず、支援学校へ見学に行ってみました。たしかに、先生の数は多いですし、1クラスが少人数なので安心なのかもしれない。ゆっくりマイペースで過ごせて心配もないのかもしれない。

けれど、私たちは「光輝の行くところではない」と感じました。それは、ゆっくりすぎて光輝には合わないと感じたからです。しかし地域の小学校で、「はたして、ついていけるのか」「いじめに遭いはしないか」など、たくさん心配があり、正直迷いもありました。

その迷いは、幼稚園での光輝の言動で変わりました。幼稚園では帰りのときに、幼児の一人が園庭で台に上がり、迎えにきた保護者や園児の前でマイクを使って「今日楽しかったこと、自分の名前、次のマイク当番の友達の名前とともに、一言添えて終わる」マイク当番の習慣があります。

普段の光輝は、私を頼りにしすぎており、しかも恥ずかしがり屋だから、「前に出て言えるのかな～」と思っていました。一応、前日に自宅で練習はしたものの、言葉もモゴモゴしているし、「明日は台に立つだけでもできればいいな～」ぐらいに思っていました（笑）。

自宅練習で、椅子を幼稚園の台代わりにしてその上に立ち、100均のマイクを持ってニコニコしながら、何度も練習をしました。その姿が可愛すぎて、まるでヒーローインタビューみたいに家族で、「よっ、上手、すごいすごい」と声をかけていました。そして本番当日、練習のモゴモゴもなく、まさかまさか！ 堂々とスラスラやってのけたのです！ これには、先生もびっくりされていました。

ここ！ というときに、やれる男なんだなと感じました。光輝の可能性を見た瞬間、「これなら大丈夫だ、小学校に行ける」と思えた出来事でした。

前に出て発言するのを躊躇していたお友達に、光輝が「がんばれ～」とエールを送っていたというエピソードを担任から教えてもらいました。「友達を思いやる気持ちがあることがステキだな」と感じました。

幼稚園では、光輝ができないことがあると、周りのお友達が気づいて、率先してサポートしてくれています。幼稚園のママ友に、「光輝くんがいてサポートさせてもらえて、うちの子もやる気が出て助かっている。ありがとう」「うちの子、幼稚園の友達のなかで一番光輝くんが可愛くて好きって言ってて〜」などと感謝されることも。いつもニコニコしている光輝なら、たくさん助けてもらっているお友達といっしょに、地域の小学校に行っても大丈夫と思っています。

地域の小学校へ来春進学すると決めたからこそ、今から楽しみながら準備し、取り組んでいこうと思っています。

光輝がいるから家族が団結できる

家族みんなが光輝の「今」を共有することで、コミュニケーションもうまく取れていると思いますし、パパやお姉ちゃんもいろいろとサポートしてくれています。パパはカードのフラッシュをしてくれます。「今日は令和何年、何月何日何曜日、天気は何」と話しかけるのも、今ではパパが毎朝やってくれます。そうした努力もあって正しく言える言葉が増えました。それにパパはお風呂での暗示がとっても上手なんです。

ＥＥＳＡ発達検査表の中には、鉄棒でぶら下がったり、前回りができたりするという項目がありますが、今どき鉄棒のある公園は近くにありません。「これはパパの出番」とお願いすると、「いいよ！」と気持ちよく協力してくれました。棒を持って、光輝に合わせて高さを調整します。光輝はそんな「パパ鉄棒」が好きです。とっても感謝しています。

お姉ちゃんには、「こうちゃんは、少し人よりできないことがあったり、言葉がわからなかったりすることがあるの。パパもママも頑張るから、お姉ちゃんもこうちゃんの手助けをする協力をしてほしいの」と伝えて、家族三人で話し合いをしました。

それからは弟をよく見てくれて、できたことがあると「ママ〜、こうちゃん、こんなことできたよ！　こんなこと言ってたよ！」と教えてくれます。細かいことはわからなくても、いっしょに参加してくれています。光輝といっしょに遊んでくれたり、ときにはちゃんとケンカもしてくれます。お姉ちゃんの存在はすごく大きいです。

まだまだ課題はありますが、光輝が日々改善し、成長しているのがハッキリわかっているので安心しています。

限りなく、この子の将来が楽しみ

光輝に障害があるから不幸なんじゃない。障害をハードルと捉え、とても越えられないと卑屈になり哀しむ。それこそが不幸なんだと思います。障害は、私たちが生きていくうえで「幸せとは何か？」を考えるきっかけを与えてくれているのです。

私たち夫婦は、よくこんな話をします。「いつのときの光輝もやっぱり可愛いし、大好きな存在だね」。光輝がいるから、私たちは一層仲良くなれますし、もがいて泣くこともあるけれど、すぐ笑顔になれます。「生きる」って何が起こるかわからないからこそ、楽しいんだと。

落ち込んでも、光輝がいるから、すべてはすぐ楽しい笑いに変わります。そんな光輝を見ていて、こんなふうに思うことがあります。

この子の将来が楽しみ過ぎてどうしようもない。母の想像力を遥かに超えて、光輝は将来、きっと人のために役に立つことを成し遂げている。世界を舞台に走り回っている姿が必ずある。光輝は、素晴らしい天才性を秘めているのだから……。

☆「私、美容師さんになりたい！」

重田典子

2歳になっても言葉が出ない

娘はごく普通に生まれた女の子でした。ところが、1歳ごろから名前を呼んでも振り向かないことが気になりました。テレビの幼児向け番組を集中して見ているからなのか、少し耳の聞こえが悪いからなのかわかりませんでした。

1歳半健診を受けるころになっても、まだ「ママ」や「ブーブ」など意味のある言葉は出ていませんでした。3カ月ほど様子を見ながら過ごし、1歳9カ月のときに聴覚の検査を受けました。続いて1歳10カ月のときに脳波の検査を受けましたが、どちらも異常はありませんでした。

しかし、言葉は出ていません。2歳4カ月になってようやく、言葉の最初の音が言えるようになりました。たとえば、かあさんの「か」、とうさんの「と」、にいさんの「に」といった1音は出ます。2歳6カ月から保健所のことばの教室に月に1度通うようにしました。

幼稚園の面接が近づいてきてもまだ話すことができません。意を決した私は、面接の前日に名前を呼ばれたら、「はい」と返事ができるように丸1日猛特訓をしました。翌日の面接では「重田七海ちゃん」と呼ばれたときに「はい」と元気に返事ができました。それを聞いて人目もはばからず号泣したことを憶えています。

自閉症と診断された小学校時代

幼稚園に入園した4月に小児科の診断を受け、その時点では「自閉症の疑い」と診断されましたが、小学校入学で手帳をもらうときに「疑い」が外されました。

学区域の小学校がすぐ近くにあったのですが、自閉症が対象の「情緒」のクラスがなく、少し離れた小学校にバスに乗って通学をしなければなりませんでした。このままでは近所のお子さんや幼稚園のお友達とも会えなくなってしまうと考え、小学校に出向き、何とか通えるようにお願いをしました。「情緒」のクラスではありませんが、別のクラスに通えるようになりました。

その小学校はマンモス校にもかかわらず「情緒」のクラスがなく、不満に思う保護者や先生もいました。「情緒」のクラスができるように働きかけをしてほしいと言われ、もう一人の保護者の方と署名を集めることにしました。最初は娘のことを知っているごく親しい人からはじめました。そしてクラス、学年、学校全体と署名は集まり、最終的には相当数の署名を市長に渡すことができました。

その甲斐あって、翌年には「情緒」のクラスができました。署名活動をしているときは気づきませんでしたが、終わってしばらくすると友人の美容師に「あら、重田さん。円形脱毛症になってるよ」と言われました。幸い、隠れるヘアスタイルでしたので、それほどショックはありませんでしたが、それくらい真剣に取り組んだのだと思います。

「すごいね！」「よく頑張ったね」と言われましたが、子どものためならきっと誰でもそうすると思います。

せっかく環境が整ったのですが、娘が4年生になるときにわが家は移転で他県に転校しました。それまでの学校の支援級はかなり緩やかな感じでしたが、転校した学校の支援級はしっかり勉強をさせる授業でした。最初はギャップを感じ、大丈夫だろうかと焦りました。そのようなこともあり、転校先の学校では私自身が支援級の子どものフォローをするボランティアをするようになりました。

鈴木先生の本に出会ったのはそのころです。本の中にあった「子どもを信じる」という鈴木先生の言葉に感銘を受けました。これは今でも私が大切にしている言葉です。

中学1年生で将来の夢に向けた想い

娘は、小学校では支援クラスに通いました。中学校も支援クラスへ通いました。中学に入る前に何度か娘と相談すると、本人は支援クラスがいいと言うので選びました。その中学校も終わりが近づき、次は高校受験です。

本人に「特別支援学校という高校もあるよ」と伝えたところ、「美容師になりたい」と言います。特別支援学校の先生には、「七海さんは落ち着いているので、受け入れ可能です」と言われました。しかし、美容師は娘の小学生のころからの夢でした。「それなら、頑張ってみる？」と聞くと、そうしたいと言います。

じつは、娘は中学1年のときにすでに行きたい美容学校を自分で探していたのです。学校の廊下のちょっとしたスペースに進路を決めるためのパンフレットや資料が置いてあるコーナーがありました。そこは3年生がたまに利用するような場所ですが、入学したばかりの娘はそこに行っては、中学卒業で通える美容学校を探していたそうです。

中学卒業で昼間部の美容師学校はほとんどなかったのですが、あるとき、自分が3年生になる時点でオープン予定の美容学校を見つけました。その美容学校には中学卒業で昼間部があります。その美容学校に入ろうと、中学の3年間ずっと夢をあたため続けていたのです。

私はそのことを知ったとき「娘に本気で向かい合おう。この子を信じて、どんなことがあっても夢を叶えさせてあげたい！」と強く思いました。そして、娘はその美容師専門学校を受験して晴れて入学することができました。

2年間の美容学校時代

中学卒クラスは、美容師専門コースで2年間通います。美容師の友人に「今は、高校まで出ていたほうがいいよ」とアドバイスされたので、それを娘に伝えると「高校も卒業する」と言います。それで、通信制の高校にも同時に入学しました。

結局、美容学校は2年間、通信高校は3年間やり通して、高校卒業の資格も取りました。二足の草鞋というと驚かれるかもしれませんが、ここが発達障害児の底力です。自閉があったり、障害があったりする子どもは、こういうときに強いんです。「やる」と決めたら、横道に反れません。まっすぐそのまま突き進みます。自分の目標が見えたら、ブレないしヘコタレないんです。

毎日、朝から夕方まで美容学校に行って課題をこなし、夜は高校の勉強をしました。提出日が遅れたり、いい加減なものを提出したりすることもありませんでした。他の友達が、あたふたしたり、諦めてしまったりしても、娘は「今、やること」をこなしていきました。

小さいころから自閉症特有の症状があった

もともと、娘には自閉症特有の症状がいくつかありました。小さいころは、外に出たとたん、一目散にどこかに走って行ってしまうようなこともしょっちゅうでしたし、集中力もあまり感じられませんでした。でも、バランスボールに座らせてカードに取り組むと、集中していました。バランスボールにも集中しました。

私は「調べ学習」を取り入れ、わからないことは何でも調べる習慣が身につくように心がけました。そのお陰で、わからないことは自分で調べて学習できるようになりました。

それと、娘は覚えることは得意で、学校の先生の名前や教科のことは3日もあれば覚えてしまいます。一方、どうしても苦手なこともあります。本人は支援級がいいというので、それを尊重して小学校、中学校と支援級で通しました。

娘が美容師になりたいと言ったときもそうです。「一か八かの勝負」でしたが、娘のやりたい夢である美容師になることを親として全力で応援しようと決めました。入学するまでは私が頑張る番で、入学したらあとは娘が頑張る番です。

娘は、無事に美容師の国家資格を取りました。同じように中学卒業で美容専門学校に行った人は何十人もいますが、途中で挫折してしまった人が何人もいます。でも娘は、コツコツと自分の夢を叶えるために頑張りました。

3年間で6回の「美容師免許」の試験にトライ！

美容師の国家資格は筆記と実技があります。年2回、春と夏に試験があり、筆記も技術も受かれば一発合格です。娘は筆記の試験は受かっても技術点で落ちてしまうのです。春に筆記が受かっていれば、夏は技術だけを受けられるのですが、そこで落ちると次の年はもう一度、最初から試験を受け直しです。娘は3年間で5回受け、6回目の技術試験に合格して美容師国家試験に合格することができました。

「6回も……」と思われるかもしれませんが、娘はそれしかないから何度も何度も挑戦しました。実技練習でもそうです。中学時代自分より2学年下だった子と同じ勉強をすることになったことがあります。それでも、愚痴も言わずいっしょに勉強していました。普通だったら「恥ずかしい」と思って後ろ向きになってしまうと思いますが、その子たちを「友達だよ」と言っていっしょに勉強していました。

こんなふうに思えるのは、発達障害があるからかもしれませんが、それを言い換えるなら特性であると思います。

国家試験の合格者に名前を見つけたときは、涙が溢れました。本当にうれしくてうれしくて泣きました。「よく頑張ったね！」と涙が止まりませんでした。その後、厚生労働大臣の名前が入った「美容師免許証」がめでたく送られてきました‼

憧れの美容師・スタイリストに

じつは国家試験の最初の年は高校3年生のときで、高校の通信がまだ1年残っていました。このころ、大好きなスイミングにも週に1回通っていて、パラスイミングの全国大会に選抜され、メダルも頂きました。これらはすべて娘が好きだからできたことだと思っています。「好きなこと」はやれるのです。この子たちはやり抜く底力を持っています。

夢は追い続ければ叶います。夢を掲げたら、発達障害があっても、そこに向かって歩み続けることができます。

これまで私は「子どもといっしょに死んでしまいたい」と何度、思ったかわかりません。でもそんなとき、鈴木先生が笑顔で「お母さん、七海さんを信じて！」と言ってくださったことが本当に力になりました。

娘は今、技術的なスキルを上げるため、週に2回ほど美容室でレクチャーを受けています。苦手なコミュニケーション力を養うために就労移行支援にも通いながら、美容師として働く夢を諦めずに努力を続けています。

高校で特別支援学校を選んだ友達は、すでに就職をして働いています。国家試験は受かったものの、まだ就職先は決まらず、それでも努力を続ける娘を見ていると、親として本当にこれで良かったのかと後悔のような思いや不安な気持ちが溢れて、胸がいっぱいになり涙することもあります。

でも、その度に「親である私が娘を信じることが大切なんだ」と切り替えています。娘を信じることで、私自身が救われ気持ちが安定して穏やかになります。すると娘も精神的に安心するようで、ストレスを感じる様子もなく「今やること」に一生懸命頑張れているようです。

娘は高齢者の介護施設などでお年寄りの髪をカットするような仕事が向いていると思いますが、そうなるためにも実地を頑張って、いつかスタイリストになってほしいと願っています。これが今の母の夢です。

☆生活の中の小さな積み重ねを大切に

浜口則貴

子どもに「軽度の精神遅滞」があることがわかって

昂汰は7カ月になってもハイハイやお座りをしなかったので、心配になって小児科を受診しました。そこで紹介された病院の医師からは「はっきりとは言えませんが、軽度の精神遅滞があるようです」と言われました。そこで療育センターを紹介されましたが入所待機ということでした。

しばらくすると私の転勤が決まり、勤務地域が変わりました。転勤先で再度療育センターの申し込みをしましたが、こちらでも待機期間がありました。結局、療育センターには1歳5カ月になったころから通いはじめました、私たちの勉強不足だったのですが、療育センターは発達障害を治してくれる機関だと思っていたので、期待して連れて行きました。しかし、療育センターでは「発達障害は治りません。こちらは、お子さんが生きていくための社会性を身につけられるように支援する施設です」と言われました。

「治らない」という言葉に、まるで「難病」と言われたようなショックを受けました。その後、心理テストを受けて、「お子さんはこの程度の遅れがありますから、この範囲内で、できることをできるようにしましょう」と言われました。

「では、良くなるためにどうすればいいのですか」と尋ねましたが、「月齢が上がれば成長するかもしれませんし、このままかもしれません。それはわかりませんので、様子を見ながら進めていきましょう」という返答でした。

「この先何年も様子を見なければ、改善するかどうかもわからないことなんだ」と知ったとき、「これは自分たちで何とかしないといけないんだ！」と目が覚めたのです。そのときのショックが、私たちには原動力になりました。

それから妻は、「昂汰にとって良いものが、どこかにきっとあるはず」と毎日ネットでいろいろ探しました。ＳＮＳ上には、発達障害のお子さんの日常をブログに上げている情報がたくさんありました。それを読ませてもらいながら「昂汰はまだ小さいから、早いうちから改善に向けた指導をすれば、可能性はあるかもしれない」と漠然と考えるようになりました。

そのころも療育には通っていましたが、毎日、発達障害を改善できる方法を探し続けました。図書館にも通い、その分野のありとあらゆる本を読みました。しかし、これといった情報に出会えないまま時間だけが過ぎていきます。「100人中、99人の人が治らないと言ったとしても、改善すると言ってくれる1人と巡り合いたい」とそればかり考えていました。

そんなある日、鈴木先生のことを知りました。ホームページには「発達障害は改善する！」と書いてあります。まさしく「改善する！」は私たちが望んでいた言葉ですから、少しでも改善するならと思って先生の親子面談を受けました。そのとき、昂汰は3歳9カ月でした。

超高速カードにびっくり

鈴木先生がカードをフラッシュするまでは落ち着きがなく、集中もできていませんでした。ところが、先生が超高速でフラッシュしはじめたとたん、カードに集中したのです。しかもその後、鈴木先生が質問したことに昂汰が正しく答えたのです。

カードに描かれている昆虫の名前をしっかりと指でさしたときには、本当にびっくりしました。療育センターではカードを使う指導などはなく、カードを使うこと自体に驚きましたが、それ以上に昂汰が瞬時にカードに集中し、先生の質問に即答したことは衝撃的でした。

ＥＥＳＡ発達検査表を目安に一つひとつ実践

提供されたＥＥＳＡ発達検査表を初めてチェックしたのは、３歳９カ月のときです。月齢にすると45カ月ですが、このときの社会面の発達度は43カ月でした。しかし言語面は34カ月で、知覚面は33・５カ月、身体面は36・５カ月でした。

ＥＥＳＡ発達検査表には、「できる」項目には○を記入し、「もう少しでできそう」な項目には△を記入するようになっていて、△も加えると社会面の発達度は53カ月になっています。△を伸ばして○にしたら、こんなに伸びるんだと思いました。

具体的には、ＥＥＳＡ発達検査表をＡ３に拡大コピーして家の中に貼りました。携帯用に縮小コピーもして、どこに行くときにも持ち歩いていました。

この検査表の各項目をしっかりと読み込んで、これを○にするには、どうすればいいか、いろんな場面を想定して昂汰ができるように促しました。

たとえば、外で電車に乗ったときは、「立つ」ことを意識させました。レストランでは「食べてもいいよ」と言ってから食べるように促しました。できたら○をつけました。わが家の場合はとくに「外の場面」を想定して、どうすればできるようになるかを考えながら実行しました。その結果、社会面が伸びたのだと思います。

言語面の△を○にするために実践したこと

言葉がなかなか出ないことはずっと気になっていました。それとオウム返し（エコラリア）ですが、3歳10カ月ころでもオウム返しがあって心配でした。

オウム返し（エコラリア）というのは、自閉症の特徴といわれていて、誰かが話した言葉やフレーズを即座にくり返す「即時型エコラリア」と、何度か聞いたフレーズをあとから付随的にくり返す「遅延型エコラリア」とがあるそうです。

そんな昂汰の言語面に変化が現われるようになったのはカードのお陰です。

まず昂汰が知っている物のカードをフラッシュしました。それから、そのカードに関連するような言葉を加えて話しかけました。たとえば、昂汰が好きな消防車だと、カードをフラッシュした後に、消防車のカードを見せながら、「消防車は赤い」「大きい」「カッコいい」と言葉を増やしていきました。徐々に文章にしていく感じです。

主に生き物のカードが多かったのですが、朝は30枚、夕方は100枚を毎日やっています。今は文字のほうが中心になっていて、一日ごとに日本語と英語と交互にフラッシュしています。

たった2週間でトイレができるように

鈴木先生が提唱する家庭教育プログラムを開始してから5カ月で、オシッコが自分でできるようになりました。その1カ月後にはウンチもトイレでできるようになりました。とはいっても、不安定な期間もあり、おもらしをすることはありました。

幼稚園でも、まだ出ないのに「トイレに行く!」と言って何度も立ち上がることがあったようです。こんなときでもけっして叱らず、「今度は間に合うから大丈夫だよ」と言葉をかけると、安心できるようでした。

トイレ・トレーニングとしてはまず、1日の中でトイレに行く時間を決めたことです。朝起きてすぐ、毎食後、おやつの後、それからお風呂の前と寝る前などです。トイレの中では昂汰が好きなアンパンマンのトイトレグッズを使い、アンパンマンの曲をかけていました。そうしてトイレに対する恐怖心を感じさせない工夫もしていました。

トイレの中では、短い絵本を読んで「オシッコ、シーシー」と声掛けをしました。昼間の時間やお風呂の時間には「トイレでオシッコ」「トイレでウンチ」と声掛けを何度もしました。昂汰が眠った後にも、「オシッコはトイレで」と20回ほど声掛けをしました。時間にして5分ほどです。

こうした声掛けを実行してから2週間で、本当にトイレでオシッコができるようになりました。今では「オシッコー!」「ウンチー!」と言いながら、トイレに走って行って、電気をつけてオシッコもウンチもできています。

終わると、トイレットペーパーで拭いて、水を流して、ドアを閉めて、電気を消して戻ってきます。とりあえず完璧です。

このあとは、妻から話してもらいます。

両親の協力が必要

鈴木先生が「子どもの改善には両親の協力が必要！　お母さんはお父さんの教育も必要だよ」とお話しされるのを聞いて、私が考えた作戦があります。父親が子どもと関わるきっかけをつくる作戦です。

お父さんにも責任を持って子どもに関わってもらおうと、カウンセリングの先生に報告する担当を夫にお願いしました。土曜日か日曜日限定にして、改善した点や問題点などをカウンセリングの先生に報告してもらうのですが、夫はそのために平日も子どもをよく見るようになりました。

父親目線で子どもを観察して、客観的に改善したことや新たな問題点を見ていきます。

そうすることで、父親として子どもの成長を実感できるようになりました。さらに、私との間でも情報の共有がスムーズになり、私もすごく楽になりました。今はとてもうまく機能していると思います。

「ほめること日記」で私の気持ちが楽に

鈴木先生のお話を聞いたときから毎日欠かさず書いているのが「ほめること日記」です。これは、1日のなかで少しでも昂汰の良い点を見つけて書く「ひと言日記」です。内容は些細なことです。たとえば、朝起こされなくても起きられたとか、「おはよう」の挨拶が自分からできた、食器を片付けられた、靴を揃えることができたといったことです。

ほんのちょっとしたことですが、この日記のお陰で、私も昂汰をよく観察するようになりました。子どもをよく見ていると、親の気づきにつながります。

小さいころと違って、いたずらも大胆になってきますが、「ほめること日記」をつけていると「今日は大きな声で叱られるようなことをしたけれど、こんないいところや頑張ったこともあったな」と客観的に見られて、1日のプラスとマイナスがわかります。

日々の子育てのなかでは、子どものマイナスの面がなんとなく意識に残りがちです。でも、こうしてノートに子どものいいところがどんどん貯まってくると、私の気持ちがいつの間にか楽になり、私自身が救われているように思います。

私たちにとって昂汰をよく見ることは、もうすでに当たり前になっていて、それが日常になっています。

小さな積み重ねが成長につながる

いよいよ小学校への入学の時期が現実となってきました。小学校は普通級を目指しています。昂汰は少し集団が苦手です。でもこれは自分でも自覚していて、苦手克服のための努力をしています。

園にお迎えに行くと「今日ね、昂ちゃん頑張ったよ!」とか「今日は、ちょっと、だめだったかな」と教えてくれます。集団が苦手なのは、もともと聴覚が鋭いということがあります。元気な友達の声が時に耳に刺さるようなときがあるのです。

そんなときは一瞬、耳を塞ぐことがあります。しかし、それは自分に聞こえる特別な「音」とわかっているようで、幼稚園の先生に「小学校に行くから頑張る」と話しているそうです。

最近、この聴覚の鋭さは昂汰の「特性」だと思い、英語のスクールに通いはじめました。以前から英語のＣＤも好きでしたし、発音も聞いた通りにできるので、昂汰が楽しめるのではないかと通わせたのです。すると驚いたことにネイティブの先生から「昂汰は、発音が素晴らしいよ！」と褒められています。昂汰にとっては、自信にもつながっているようです。

また最近は、約束したことがちゃんと守れるようにもなりました。ゲームやテレビなども「時計の針が６のところまで来たら終わりだよ」と約束すると、すんなりと終わりにすることができます。「どうしてももう少しだけやりたい」と思うときは、「７のところまでやってもいい？」と聞いてきます。そんな姿を見ると、本当に成長したなと感無量です。

今は、「生活の中の小さな積み重ねを大切に、毎日少しずつでも成長することが改善につながる」と信じています。そのために私たちは「できることを精一杯やり続けていきたい」と考えています。

☆わが子をダウン症と思っては育てなかった

高木ゆか

生後2週間でダウン症と診断される

娘は今6歳で、今年から小学校です。

妊娠から出産まで特別な問題はありませんでした。ところが、臨月を迎えたころに「心音に異常がある」と指摘されました。そのときの私は第一子の妊娠だったこともあり、その異常についてはよくわからないままでした。

出産後、医師からダウン症の可能性を指摘されて検査することになり、その2週間後に結果が出て、そこではじめてダウン症であることがわかりました。

しかし、それまでダウン症に関する知識をほとんど持っていなかったこともあり、それほど落ち込むことはありませんでした。ただ、医師の説明を聞いていて、これからいろいろ大変だろうなと感じていました。

ダウン症の場合、成長がゆっくりしているといわれていますが、その割には少しの遅れでここまで来ることができたと思います。小さなころから家に引きこもらずに積極的に外に連れ出し、普通の子と同じような経験をさせたのも良かったと思います。同じ月齢の子と比べても、少し遅れている程度でした。

食べ物については、心身をつくるのに大事だと思っていたので、ご飯と菜食を心がけました。鈴木先生は和食をすすめていたので、それまで私のやっていたことは正しかったんだと実感しました。娘はとくに偏食はなく、何でもよく食べる子でした。それまで小麦や牛乳については知らなかったので、気をつけることにしました。

現在は普通の幼稚園に通っていますが、集団生活は問題なく送れていて、加配の先生もついていません。

自分の思い通りにならないと頭を床にぶつける

娘が4歳のころ、友人が貸してくれた鈴木先生と大塚貢先生の共著『給食で死ぬ!!』

を読み、鈴木先生の教育法について知りました。そこでエジソン・アインシュタインスクール協会の存在を知り、早速、主人と共に鈴木先生のお話を聞きに行きました。主人は、先生のお話を聞いて、「自分が考えていることとまったく同じで感激した」と言いました。

そのころ困っていたのは、娘に自傷行為があることでした。自分の思い通りにならないと、ひっくり返って頭を床にぶつけたり、抱っこされていると胸を突き出して身体を反らせ、後ろの壁に頭をぶつけたりします。こぶをつくったこともありました。

そのほかに多動や強いこだわりもあり、スーパーに行くと私の手を払ってひとりでカゴを持ち、陳列してある商品を次々にカゴに入れてしまったこともありました。

わずか2、3カ月でトイレに成功

鈴木先生の改善法に取り組みはじめると、彼女は相手の言葉の意味を理解するようになり、私たちの話の意図がわかるようになってきました。

それまでは、「ご飯、食べる」といったように、多くても2語文で、ほとんどは単語の羅列でしたが、こちらが話すことを十分理解するようになってきて、コミュニケーションを取るのがとても楽になりました。

超高速カードは、私が仕事で忙しかったため毎日はできませんでした。それでも、本人はカードが好きで、やると集中して見てくれました。カードのおかげで、物の名前はたくさん憶えて、突然思い出したように「虹」と言ったりしました。やはりカードの効果はあるんだなと実感しました。

お風呂での言葉掛けも毎日やりました。湯舟につかり、ほっとして気持ちよさそうな状態のとき、本人の左耳そばで、そのときに達成したいことをつぶやきました。まだオムツがはずれていないときは、「トイレでオシッコができます」と一日十回以上は言葉掛けをしてみました。

すると2、3カ月経ったころ、とても自然にトイレで用足しをすることができました。オムツからトイレまで、不思議なほどに難なく移行できたのです。それからは幼稚園での失敗も少なくなり、濡れたパンツを持ち帰ることも減りました。

鈴木先生のお話を伺ってからはほめ言葉の大切さを実感し、意識してほめるようにしました。先生からいただいた「ほめ言葉一覧」は、いつもカバンに入れて持ち歩いていました。

社会に迷惑をかけない子ではなく、社会に役立つ子に育ってほしい

ダウン症の子どもを持つ親の会に行くと、うちの子は発達状態がいいのかなと思いました。実際、育てにくいと感じたことはなかったですし、身体は小さいけれど元気で病気もしません。

ただ、人の話を聞いて理解はできていても、自分のことを伝えるには言語面で表現力が足りないところがあります。私たちなら彼女の言いたいことがわかっても、一般社会では難しいかなと思うところもあります。

やはり、言語面は課題があると感じていますが、それを除けば、限りなく伸びているなと感じています。

ダウン症の会に参加したときのことです。同じような事情のお子さんをもつ親御さんでも、それぞれみんな、いろいろな悩みをもっているのだなと改めて感じました。多くの親御さんは、「どうしたら、うちの子は社会に迷惑をかけない子に育つだろうか」ということが意識の中心であるように感じました。

しかし私たちは、鈴木先生がおっしゃるように「ダウン症も健常も関係なく、世の

中の役に立つ人間にどうしたら育つか」という視点でわが子を見たいと思っています。親たちがそうして子どもと向き合っていけば、きっとダウン症の子どもたちを取り巻く社会も変わってくるのではないかと感じています。

娘にとってもっとも相応しい学校を選びたい

私自身は娘を「ダウン症だから」と特別扱いして育ててきませんでした。ですから、世間の目を気にしたり、生きていて息苦しいと感じたりしたこともありません。ですが、今年から小学校なのに、まだ学校は決まっていません。

これは一般的なダウン症に対する偏見があるからだろうと感じています。そもそも受験したくてもダウン症というだけで面接も受けられない現実があります。ダウン症は症状に個人差がありますし、一度、会ってもらえればうちの子の状態をきっとわかってもらえるのに、そうできない現実があって、とても悔しい思いもあります。

公立と私立、どちらも視野に入れつつ、加配の先生は必要だと思いますが、諦めず彼女のためにもっとも相応しい学校探しを続けたいと思います。

「いいかな？」と思ったことは迷わず試してみる

わが子に「いいかな？」と思っても、考えているうちに、難しそうだなと行動しないままになりがちです。もちろん、いろいろ考えることは必要ですが、何事もやってみないとわからないことも確かです。

もしやってみて、少しでも子どもに役立つことがあれば、やった価値はあると思います。たとえ失敗があっても命を取られる訳ではないかぎり、飛び込んでみることは大事だと思います。

わが家の場合は、後で後悔だけはしたくないと思っています。「あのとき、こんなことをやっておけばよかった」と後悔だけはしないようにと思い続けています。

ここまでのお話は子どもが6歳だったころのことですが、現在は13歳で中学1年生です。

学校探しは非常に難儀しましたが、私たち親の「こんな学校に行かせたい」という思いを諦めることなく、少人数で個性を大切にし、普通級と支援級の区別がない一般社会の縮図といえるような通常の学校（私学）を探しました。

その学校に6年生から入学し、今は2年目になります。ダウン症のある子どもは学校では一人だけです。

勉強の負担も増え、本人としてはつまずくこともありますが、本人なりに頑張り、楽しんで学校に通っています。一日一日学校に通うことが本人の貴重な人生経験になるだろうと期待しています。

☆幼稚園までは嫌な思い出ばかり、自閉症・ADHDと診断されて支援級に

佐藤すみれ

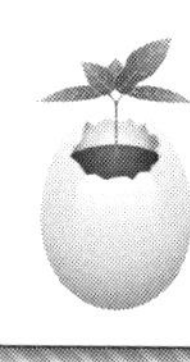

動き回るわが子

息子が同じ月齢のお子さんと少し違うなと気づいたのは1歳半を過ぎたころです。言葉が出てこないし、名前を呼んでも反応が薄く、本を読んでも無関心でした。そもそもじっとしていられません。

そのころは、言葉にならない独り言をずっと言っていました。じっとしていられないし、いっしょに歩いていても、スッと手から離れて走り出してしまうようなこともあり、いつもハラハラしている感じでした。怖いという感覚が麻痺しているのか、危ないことも平気でしていました。

ようやく言葉が出たのは、3歳過ぎてくらいからです。「あゆむは、あゆむは」って名前を言うのを聞いて「あ、喋れるようになったじゃない！」と思ったのは、幼稚園の入園前です。それでも2語文がちょっと出るくらいでした。

苦しかった幼稚園時代

1歳半の健診のときに、保健師さんが「興味は転々とするけど、ハイパーではない」と言ったんです。「多動のことだ」とすぐわかりました。随分失礼なことを言う人だなと思いました。

そのころの私は非常に神経質になっていて、子どもの障害を認めたくなかったのだと思います。言葉が遅い、喋らない、周りに関心を示さない、目線を合わせない。そういうことがたくさんあるのに、子どもの現実を直視していなかったのです。

しかし、それでも不安だったので、市の保健師の方に幼稚園入園前に家庭訪問してもらいました。そのときは、「様子を見ていきましょう」ということになりました。

そして、幼稚園に入園したのですが、わずか6カ月の間でもトラブルだらけでした。ある日のお迎えで、お教室につくと息子はおもちゃ箱の中に入っているのです。そこから、きょとんとみんなのことを見ていました。息子の担任は、発達障害のことを十分に熟知されていない先生だったので、カームダウンする（気持ちを落ち着かせる）場も形だけ設けている感じでした。

先生は悪気があったのではないことはわかりますが、その姿を目の当たりにして、息子はこのような形でないとクラスの中にいられないのかと心が締め付けられる思いでした。それで幼稚園から保育園に変わりました。

自閉症スペクトラムとADHDと診断される

息子の診断名は自閉症スペクトラムとADHDです。診断名をもらっておいたほうが、後々、福祉関係の援助も受けやすいだろうし、主治医がいたほうが何かあったときに診断書なども書いてもらえると考えて、年中の終わりに受診しました。病院で診断名が付いたのは年長の5月です。

私は、学生時代に精神科がある病院で研修をしました。社会に出てからは作業所や福祉の現場で障害のある方と関わってきました。現場にいたからこそ、息子の今とこれからを受け入れることが怖かったのかもしれません。

何かしなければ、この現状をどうにかしなければと思っても、どこに焦点を当てればいいのかわからず、不安と焦りから力を入れすぎていました。どうしたら子どもをじっとさせられるか、どうしたら言葉が出るようになるか、いろいろと試行錯誤しながらやってみるのですが、結果が得られず、息子との生活に疲れていたのだと思います。

ある日、近くにいて私と息子の様子を見ていた叔母が「鈴木先生の本を読んでみたら?」と『子どもの脳にいいこと』を教えてくれました。

正直に言いますと、私は鈴木先生の本を読んでも「ピンときた!」という感じではありませんでした。でも、叔母が「すみれちゃん、一生懸命頑張っているけど、少し無駄な力も入っているんじゃない? 鈴木先生のやり方だと、もう少し力を抜くことができるんじゃないかな」と言ってくれました。

やればやるほど伸びた発達指数

鈴木先生の親子面談は年長の6月に受けてみました。親子面談の感想はひと言で言うと、鈴木先生の雰囲気に圧倒されたという感じです。息子を前に鈴木先生がはじめた超高速カードはものすごいスピードで読み上げられていきます。スピードもそうですが、カードの内容が中学生の地理だと聞いて驚きました。

そんなカードに息子はどう反応するかなと思って見ていると、鈴木先生の質問に元気よく答えています。しかもじっと座っているのです。私は「この子が座れるんだ」ととても驚きました。

親子面談を受ける際に、ＥＥＳＡのオリジナルの発達検査表を提出しました。そして、その結果がグラフで示されていました。このときの息子の発達指数は実年齢の60％でした。しかし、その後、発達検査表を付けながら、いろんな働きかけを続けていると7月は63％、8月は67％と伸びてきて、9月には75％まで伸びました。

このペースで伸びてくれたらと思っていたところ、鈴木先生が「90％はあったほうがいいからね。お母さん、もうちょっと頑張ってね」と優しく言ってくれました。それを励みに子どもに働きかけを続けていると、11月は86％まで伸びていました。そして、12月は89％、入学前の3月はなんと93％、小学校入学時は94％まで伸びました。

息子が「ごめんなさい」と言えた日

個人レッスンでは「朝の挨拶、おはようございます。失敗したらごめんなさい。お礼の言葉はありがとう」という挨拶の歌を歌います。楽しくレッスンを終えた帰りの出来事です。駅の改札機の前で、息子が人にぶつかってしまいました。そのとき、あゆむはとっさに「ごめんなさい」と自分から謝ることができました。

「あっ、うちの子が自分から謝った！」と思った瞬間、私は周りの目もはばからず、息子の頭を何度も何度も撫でて「いいんだよ！　それでいいんだよ！」「よく言えたね」「偉かったね！」とほめていました。

それまでは、私が「ごめんなさいだよ」と促せば、素直に「ごめんなさい」と言える子でしたが、この日は自分でシチュエーションを正しく判断して、それに見合った言葉が言えたのです。これには心から感動しました。この日のことはこれから先もずっと忘れられない、私の大切な記念日です。

一人で抱えきれないくらい辛いことも

年長の5月の知能検査（田中ビレー）では、ＩＱは70でボーダーラインです。11月に受けた言語能力検査では3歳レベルでした。正直、よく普通級を目指そうと覚悟をしたなと今でも思っています。

ところが、そこから1年3カ月後の一年生の夏休みに受けた同じテストでは、ＩＱが１０７になっていました。3歳レベルだった言語能力検査は、6歳5カ月まで伸びていました。息子はどんどん伸びていきました。

ところが小学校に入ってからが本当に大変でした。4月はそれでもよかったのですが、5月には「指示が通らない」と先生から指摘されました。1学期の終わりころには、「独り言をぶつぶつ言ったり、時折、声を荒げることがある」とも言われました。とうとう、10月の初旬に担任の先生から「支援級に変えたほうがいい」とはっきり言われてしまいました。

さすがに、この先生の言葉はとても一人では抱えきれないほどの大きなショックでした。まるで奈落の底に落ちたようでした。あまりの辛さにＥＥＳ協会の担当カウンセラーの先生に電話をかけてしまいました。私のほうが恐縮して「ごめんなさい。本当に申し訳ないです」と話していると、カウンセラーの先生が「大丈夫ですよ。つらいときは、いつでもかけてきてくださいね。そのために私たちはいますから」と言ってくれました。

そのときは、まるで背中を擦ってもらったような気持ちがして、誰かがこうして支えてくれることが、本当にありがたいと思いました。暗くなった公園のベンチに腰掛けて、一人でひとしきり泣きました。涙がボロボロととめどなく溢れて流れてきました。

残る課題のためにやるべきことは親の意識改革

ＩＱは劇的に改善したのに、なぜ問題行動が治まらないのか悩みました。発達検査表は暇さえあればやっていましたし、食事の改善や超高速楽習にも取り組んでいました。でも、問題行動は一向に減らない……。

ところがある日、私が変われていなかったと気がついたのです。息子は自分を精一杯生きています。誰を責めることもないですし、逃げ出すこともしません。でも私はどうだろうと思うと「私がなってほしい、あゆむの姿」を求めてばかりで、それができないとイライラして怒ってしまう。

エジソンの先輩ママたちはみなさん、親としての意識を変えることができています。でも私は、なかなかそれができませんでした。「私は親としてどうなのだろう」「本当にあの子のこと思っているのかしら」という思いが大きくなっていきました。

もしかしたら、私はあゆむに向き合うことをせず、私の想いをあの子に一方的に押し付けていたのではないだろうか。私は、あの子の素直な心に甘えていたのではないか。あゆむを変える前に私の意識を変えればいいんだと思ったとたん、不思議と腹をくくれました。

うまくいかないと子どもを怒ってしまう、なかなか笑顔でいられない、そんな自分を責めてしまう自分がいます。でも、子どもを思って諦めないで努力し続けている自分もいます。その自分を信じていれば、自然に意識は変わるんだと開き直れたのです。

私の意識が変わらなければ、どんなメソッドやスキルがあったとしても、息子の成長を促すことはできないと思いました。

「こうあるべき」という枠にとらわれていたのは私自身でしたが、あるとき、自分自身にはめていた枠が外れた感覚を胸の奥に感じました。意識の改革は目に見えるものではありませんが、見えないものがいちばん大事なのだと気づいたのです。

成長を認められるまでに

なんと、ここから事態が好転しはじめたのです。

たとえば、音楽祭の練習ができなかったのに、急にみんなといっしょに練習できたり、図書館の本を噛まなくなったり、授業を受ける姿勢が変わったりと、息子の変化が突然に現われてきました。

私は『いえるかな?』『できるかな?』という本のCDをずっと聞かせていましたが、その中に『ひにちのよみかた』という歌があって、〝ついたち　ふつか　みっか　よっか　いつか～♪〟と歌います。教室で先生が「ようか（8日）」について、みんなに聞いたとき、誰もわからなかったのに、息子だけが答えられたそうです。

「私の意識が変わったら息子が変わった」というのは確かに不思議なことですが、私には「おかあさん、そうだよ。そういうことなんだよ」と息子がメッセージを送ってくれているように感じました。

「あゆむくんのこと考えたら、支援級のほうがいいのかな」と言っていたスクールカウンセラーの先生にも「すごく落ち着いてきましたね、成長しましたね」と言ってもらえるまでになりました。どの先生に会っても、「あゆむくん、変わりましたね」と言われるようになりました。それでも、2年生、3年生はまだ少しでこぼこがありました。でも4年生になってからは、何も言われません。低学年のころは毎日の連絡帳を開くと先生の文字がびっしりでしたが、今はあゆむらしく普通に学校生活が楽しめています。勉強も社会が得意で、1学期の通知表では「A」をもらいました。1年生のときは0点を取っていたのに、今は100点を取ることも珍しくありません。

親修行なんだと思えた

子どものためなら自分は何でもできると思っていましたが、息子を育ててきたなかで、いったい私はどうしたいのか、この子を普通級に入れることが目的なのか、本当にそれが目的だったのかわからなくなることが何度もありました。

自分の意識を変えることがなかなかできなくて、本当に情けないとイヤになるほど思うこともあります。子どものためと思いつつ、何もできていないことを思い知らされ、どれだけ泣いたことかわかりません。もう情けないと思うことばかりです。

でも、エジソンで鈴木先生が教えてくださった、子どもを成長させるための理論の一つひとつはしっかりと私の中で根付いています。食事のこと、ＥＥＳＡ発達検査表のデータに基づいた脳科学的アプローチ、そしてできることは惜しみなく行なうこと。そういったことをトータルに教えていただいたと思っています。

そのなかで、やっぱり根底は親子のことです。親が子を何とかしたいと思う熱意こそ、親が行動を起こす原動力になります。そして、すべては親になるための学びなのだと知りました。

エジソンは卒業しても、この学びを私自身の成長の糧として、これからの人生をどう描き、どう活かしていけるかが今後の課題になりそうです。

子どもの発達障害を家庭で改善した
12家族の感動物語

2021年10月13日　第1刷発行

監　修――篠浦伸禎

著　者――鈴木昭平

発行人――山崎 優

発行所――コスモ21
〒171-0021　東京都豊島区西池袋2-39-6-8F
☎03(3988)3911
FAX03(3988)7062
URL https://www.cos21.com/

印刷・製本――中央精版印刷株式会社

定価はカバーに表示してあります。

ISBN978-4-87795-406-2 C0030

超人気本！　話題沸騰!!

まちがいだらけの子育て

どんな子も脳の「発達特性」に合わせるだけでグーンと伸びる

四六判並製
224頁　1540円（税込）

世界的な脳神経外科医の証言

発達障害を改善するメカニズムがわかった

★世界的な脳神経外科医は、母親の愛情を家庭教育の中心に据えている教育メソッドは、脳科学の観点からも理にかなっていると期待を寄せる

四六判並製202頁　1540円（税込）

エジソン・アインシュタインスクール協会会長　鈴木昭平
医学博士・脳神経外科医　篠浦伸禎　共著

超人気本！　話題沸騰!!

多動児、知的障害児がよくなる3つの方法

子どもの脳にいいこと

★ひと言も話せなかった子どもが会話ができるように……など感動の体験談

●発行部数10万部を超える●発達障害児のバイブルとして愛読され続ける！●「もっと早く知りたかった」の声が次々と！

四六判並製　176頁　1430円（税込）

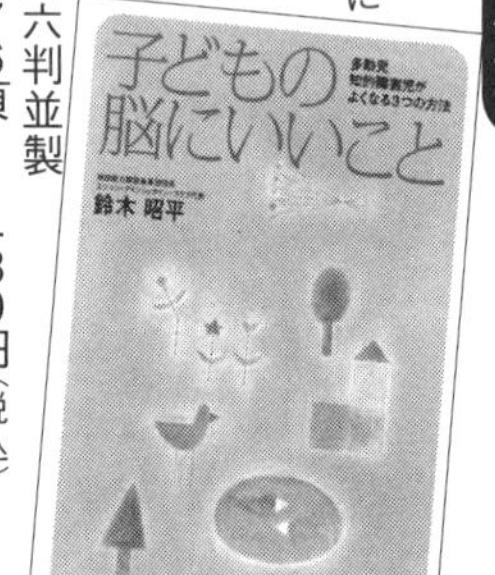

就学&自立を決める6歳までの育て方

就学時健診を乗り越える最強の方法

「発達障害かも…」
今から準備
就学時健診を
乗り越えるコツ

四六判並製　210頁　1540円（税込）

エジソン・アインシュタインスクール協会代表　鈴木昭平著